心が元気になる、5つの部活ストーリー

青春サプリ。

新しい一歩を踏み出す

青木美帆 文／くじょう 絵

ポプラ社

Contents

—— 目次 ——

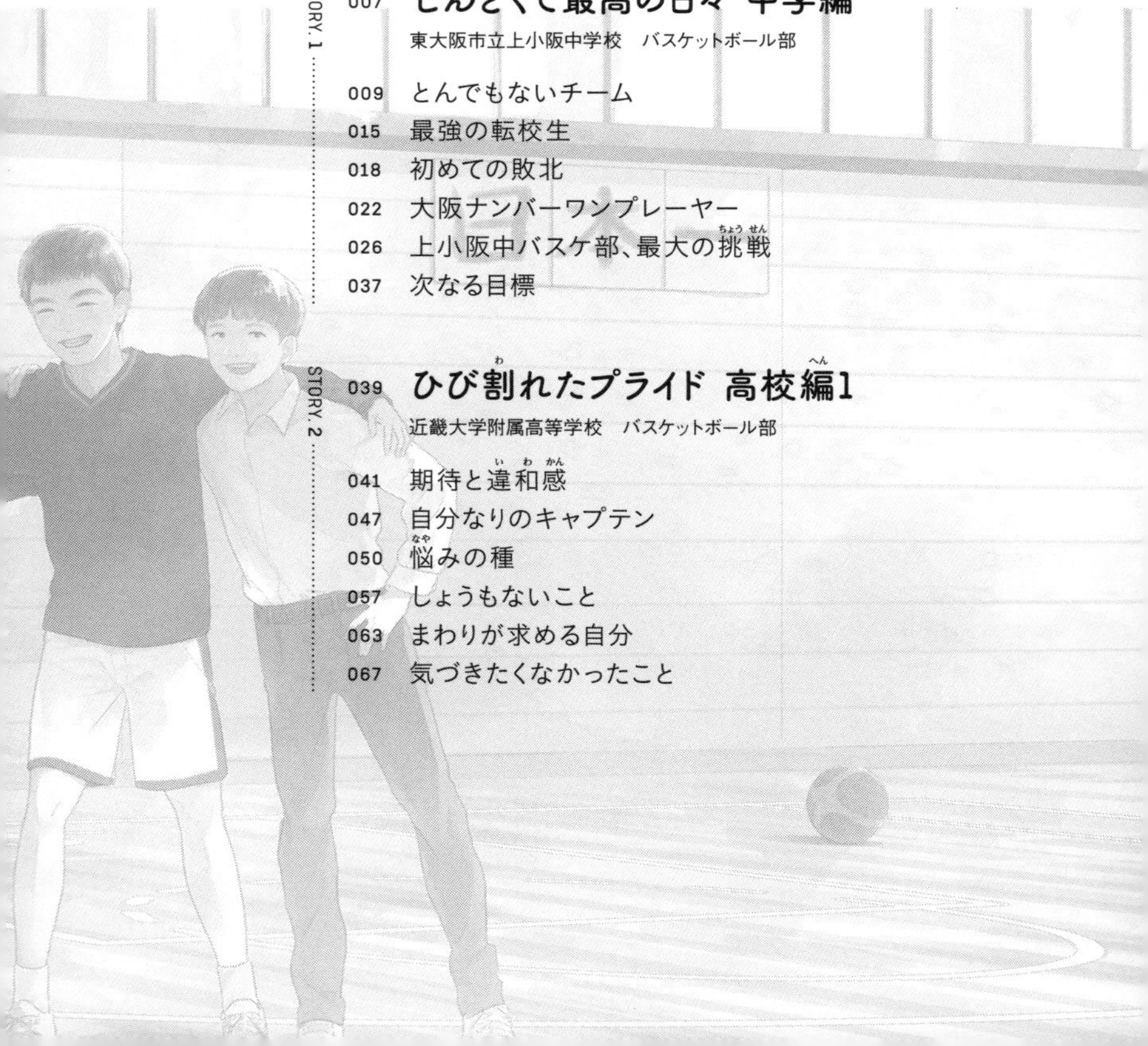

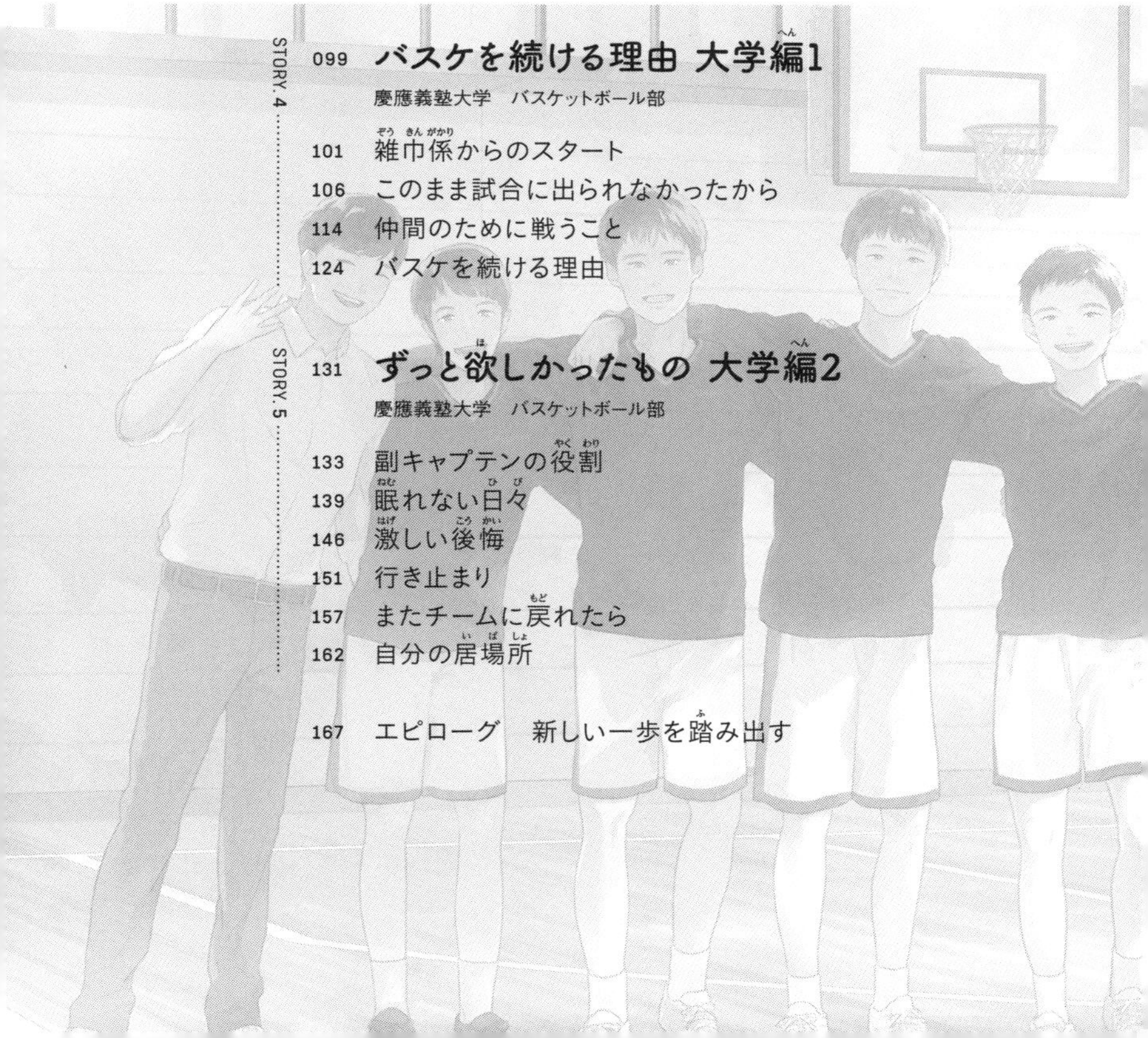

プロローグ

まぶたを覆《おお》うまぶしさに気づいて、目を開けた。

(しまった、寝落《ねお》ちしてもうた)

ソファの手元をまさぐり、スマホをつかみ、ディスプレイをオンにする。

4時。まだ起きるには早いが、二度寝《ね》するという気にもなれない。寝転《ねころ》んだまま、ぼんやりした思考の輪郭《りんかく》を少しずつはっきりさせていく。

今日から僕《ぼく》は新しい一歩を踏《ふ》み出す。

今までの自分にけじめをつける。消してしまいたかった過去《かこ》を隠《かく》さずに生きる。行ったり来たりを繰《く》り返しながら、散々《さんざん》考えた。覚悟《かくご》を決めた後も何度も怖《こわ》くなった。

それでも、心は前に進みたいと言っていた。

最寄《もよ》りの駅から徒歩28分、ほとんど物のない1LDKのアパートに朝日が少しずつ昇《のぼ》っていく。

（……これから、始まるんやな）

気づいたら頬《ほお》に涙《なみだ》がつたっていた。


大阪府東大阪市。

ラグビーの聖地《せいち》「花園《はなぞの》ラグビー場」がある街で僕《ぼく》は生まれ、6歳《さい》上の姉ちゃんと3歳《さい》上の兄ちゃんの影響《えいきょう》で、小学3年生からバスケットボールを始めた。

それから大学4年生までの14年間、僕《ぼく》の人生の中心にはいつもバスケがあった。

うれしいことも悲しいことも、とんでもなく悔《くや》しいことも信じられないくらい幸せなことも、そのすべてをバスケが教えてくれた。

2021年3月6日。僕《ぼく》は自転車日本一周の旅に出る。

背中《せなか》をすっかり隠《かく》す大きなバックパックの中身は、着替《きが》え、レインウェア、ノートパソコン。

そしてバスケットボールとバスケットボールシューズ。

東大阪の実家から南に進み、まずは奈良に入る。その後、北信越《ほくしんえつ》、東北と進み、青森からフェリーで北海道に渡《わた》るという大まかなルートは決めていたが、訪問《ほうもん》する場所や宿泊先《しゅくはくさき》はその日ごとに決めることにした。

(うまく行くやろか……)

不安もあったが、ワクワクのほうがまさっていた。

昼食をとり、家を出た。

朝からくもっていた空に、少しだけ太陽がのぞいていた。

風はほとんどない。暑くも寒くもない。

「ほな、行ってきます」

家族に見送られ、僕《ぼく》はマウンテンバイクのペダルを強く踏《ふ》み込《こ》んだ。

STORY. 1

しんどくて最高の日々《ひび》　中学編《へん》

東大阪市立上《かみ》小《こ》阪《さか》中学校 男子バスケットボール部

大阪府東大阪市

原匠 ｜ Hara Takumi

上《かみ》小《こ》阪《さか》ミニバスでバスケを始める。
ポイントガード。キャプテン。

松岡良樹 ｜ Matsuoka Yoshiki

匠《たくみ》の幼《おさな》なじみ。ミニバス時代からの仲間。

朝久聖 ｜ Asahisa Hijiri

ヒジ。がんばり屋。ミニバス時代からの仲間。

賀川敦喜 ｜ Kagawa Azuki

あっくん。無口。常に五厘《ごりん》刈《が》り。
ミニバス時代からの仲間。

山田圭佑 ｜ Yamada Keisuke

ケイ。ちょっぴりお調子者。
ミニバス時代からの仲間。

村田修 ｜ Murata Shu

スウ。元太平寺《たいへいじ》小のキャプテン。
1年時に転校。長身のセンター。

とんでもないチーム

（絶《ぜっ》対《たい》にもっとやれるはずやのに。俺《おれ》やって負けてないはずやのに）

市大会の決勝戦を観客席で見つめながら、匠《たくみ》はきりりと奥歯《おくば》を嚙《か》みしめた。

匠《たくみ》が小学3年生から入団《にゅうだん》した上小阪《かみこさか》ミニバスクラブは、当時からあまり強いチームではなかったが、匠《たくみ》たちが4年生になると一気に弱小チームになった。5、6年生が誰《だれ》もいなかったからだ。高学年が揃《そろ》ったチームと試合をすれば軒並《のきな》みボッコボコにされた。100点対1ケタというとんでもないスコアで負けることも珍《めずら》しくなかった。学年が上がると匠《たくみ》は東大阪では名の知れた選手になったが、チームは大して強くならず、6年生の最後の大会も市大会2回戦で負けた。

「で？　中学ではラグビーとバスケ、どっち続けるん？」

中学校の入学式を控《ひか》えた春休みのある日、夕食をとりながらお父さんが言った。

「バスケ」

上小阪《かみこさか》ミニバスクラブ
大阪府東大阪市の上小《かみこ》阪《さか》小学校の子どもたちを中心に活動しているミニバスケットボールチーム。

匠《たくみ》は即答《そくとう》した。

学生時代にラグビーに熱中したお父さんの影響《えいきょう》で、匠《たくみ》は幼稚園《ようちえん》のころからラグビースクールにも通っていた。背《せ》の順は前から2、3番目でも、学校一足が速かった匠《たくみ》はそれなりに活躍《かつやく》し、チームとしてもミニバスよりは試合に勝てていた。

でも、匠《たくみ》は2歳《さい》からの幼《おさな》なじみの良樹《よしき》（松岡《まつおか》良樹《よしき》）、どんくさいけどがんばり屋のヒジ（朝久《あさひさ》聖《ひじり》）、お調子者のケイ（山田《やまだ》圭佑《けいすけ》）、1か月で2、3言しかしゃべらない無口なあっくん（賀川《かがわ》敦喜《あづき》）たちミニバスの仲間とバスケを続けると決めていた。

お父さんは明らかにがっかりした顔をした。

お姉ちゃんもお兄ちゃんも、中学ではラグビーをやめてバスケに転向した。匠《たくみ》こそはラグビーを続けてくれるんじゃないかと期待していたのかもしれない。

そして真剣《しんけん》な表情《ひょうじょう》で言った。

「ええか。バスケやるんやったら府選抜《せんばつ》目指すくらいの気持ちでやれよ」

（フセンバツ？）

匠《たくみ》は目を丸くした。

（フセンバツって大阪の代表ってことよな？　俺《おれ》、市大会2回戦負けやで？）

上小阪中は3つの小学校から生徒が集まる大きな中学だが、バスケ部には4人しか部員がいなかった。他の部から助《すけ》っ人《と》を借りて試合に出ていた上級生たちは、突《とつ》如《じょ》現《あらわ》れた10人超《ちょう》の新入部員を歓迎《かんげい》してくれた。

土曜日の練習。平日の練習と同じようにウォーミングアップをしているうちに、先輩《せんぱい》たちや春休み中に練習に参加していた良樹《よしき》とヒジが、壁《かべ》の下のほうに開けられた換気窓《かんきまど》から外をやたらと気にしていることに気づいた。

「何？」

良樹《よしき》に小声で尋《たず》ねる。

「コーチ、今日来るんかなって」

良樹《よしき》は暗い顔で言った。

「あれやろ、土日だけ来る外部コーチやろ」

「うん。俺《おれ》、初日に腕立《うでた》てふせ200回くらいさせられてん」

ウォーミングアップ　体をならすために行う準《じゅん》備《び》運動。

外部コーチ　学校の教員以外で、部活などの技術《ぎじゅつ》的な指《し》導《どう》を行う人。

「ホンマ？　えぐない？」

そんなことを話していると、窓《まど》の外から車のエンジン音が聞こえてきた。良樹《よしき》とヒジ、先輩《せんぱい》たちの視線《しせん》がさっと換気窓《かんきまど》に集まる。白いミニバンが見えた瞬間《しゅんかん》、体育館に緊迫《きんぱく》した空気が漂《ただよ》った。

しばらくすると、前髪《まえがみ》をオールバックでびちっと固めたおじさんが体育館に入ってきた。お兄ちゃんのチームを指導《しどう》していた、見覚えのある顔だった。

「ちわっす！」

「おいっす〜」

部員たちのあいさつに軽くこたえたコーチは、ぼけっと突《つ》っ立っていた匠《たくみ》たちに気づくと、ニッと笑った。

「新入生は今日からか。よろしくね」

(何や、全然優《やさ》しそうやん)

大阪弁《べん》とは違《ちが》うイントネーションで話したその人に対する匠《たくみ》の第一印象《いんしょう》は、練習が始まるとすぐに覆《くつがえ》された。

ミニバン
車の一種。屋根を高くして室内を広くし、後部にもドアを設《もう》けて荷物を出し入れできるようにしたもの。

フットワークのメニューや走るメニューがやたらと長い。練習開始から1時間を過《す》ぎてもボールを使う練習が始まらない。

「あれ、もう疲《つか》れちゃった？　じゃあ辞《や》めたら？　試合中にしんどい顔したって相手は手加減《てかげん》なんかしてくれないよ？」

ひたすらにどでかい声で上級生を叱咤《しった》するコーチに、新入部員たちは恐怖《きょうふ》のどん底に突《つ》き落とされた。

「次、スリーメン1往復《おうふく》」

(ようやくバスケができる……！)

匠《たくみ》が喜《よろこ》んだ次の瞬間《しゅんかん》、コーチは続けた。

「1ミスしたら1往復《おうふく》追加。シュートを外したら1往復《おうふく》。パスを受ける時に声を出さなかったら1往復《おうふく》。キャッチをミスってボールを落としたら、ボールがバウンドした数だけ追加」

ミニバスで「ドンマイ」で済《す》まされていたようなミスは、もう許《ゆる》されない……。

失敗してはならないというプレッシャーから、新入生は続々《ぞくぞく》ミスを繰《く》り返し、ス

フットワーク
球技《きゅうぎ》における足の運び方。またその練習のこと。

スリーメン
横1列に並《なら》んだ3人がボールをパスしながらコートを往復《おうふく》し、折り返す時にシュートをする練習。

リーメンの回数をどんどん増《ふ》やしていった。

匠《たくみ》も不用意なパスミスを犯《おか》してしまった。練習の中断《ちゅうだん》を意味する笛が鳴った。

コーチが近寄《ちかよ》ってくる。怪獣《かいじゅう》のようにでかく、威圧感《いあつかん》がすさまじい。

(アカン、バチクソ怒《おこ》られる……)

体を固くして立ちすくんでいた匠《たくみ》に、コーチは優《やさ》しく言った。

「お前、カズの弟だよね。アメリカに行ったたって聞いたよ」

「カズ」は確《たし》かに匠《たくみ》のお兄ちゃんの名前だし、春休みに「アメリカ選抜《せんばつ》」と呼《よ》ばれる東大阪市の選抜《せんばつ》メンバーとしてアメリカに遠征《えんせい》したのも事実だ。

予想外の言葉にどうリアクションすればいいかわからずに黙《だま》って笑っていたら、コーチはいきなり真顔になって言った。

「アメリカ選抜《せんばつ》かアメリカザリガニか知らないけど、アメリカに行って『俺《おれ》はうまい』って思っちゃった? 何だ、今の適当《てきとう》なパス」

(とんでもないチームに入ってもうた)

笑顔《えがお》をはりつかせながら、匠《たくみ》は思った。

最強の転校生

土日限定《げんてい》の地獄《じごく》はその後も続いた。

フットワークの時点で戦線離脱《りだつ》する新入生が後を絶《た》たず、ふつうにやれば1往復《おうふく》で次のメンバーに交代できるはずのスリーメンは、永遠《えいえん》に終わらないんじゃないかと思うくらい長かった。5対5で徹底《てってい》すべきプレーをサボったら、自分でなくチームメートがダッシュ10本を課せられた。

体育館の入り口に敷《し》かれた簀《す》の子には、いつもへばった1年生が寝転《ねころ》んでいた。換気窓《かんきまど》をさり気なくのぞく仕草も、すっかり板についた。練習開始時間を過《す》ぎてもコーチが来ない時は歓喜《かんき》し、30分後くらいに遅《おく》れて車の音が聞こえてきた時のテンションの下がり方は尋常《じんじょう》ではなかった。

そして、とんでもなくきつい練習をしているのに、試合はいつもボロ負けだった。

しかし、その年の夏休みに転機が訪《おとず》れた。

ダッシュ
練習メニューの一つ。コートの端《はし》から端《はし》まで、全力で走ること。

府大会を1回戦敗退《はいたい》で終え、たった2人の3年生が引退《いんたい》した夏休みのある日、顧《こ》問《もん》の先生が浅黒く背《せ》の高い中学生と一緒《いっしょ》に体育館に入ってきた。

「スゥ！」

驚《おどろ》いて声を上げると、その中学生はニヤッと笑った。

「スゥ」こと村田修《むらたしゅう》は、線路を2つ越《こ》えた先にある太平寺《たいへいじ》小のキャプテン兼《けん》エース。東大阪で知らぬ者はいない実力者は、匠《たくみ》の「アメリカ選抜《せんばつ》」の仲間でもあった。

「夏休みが終わったら転校生が来るってうわさがあったけど、お前やったんか」

練習が終わった後そう話しかけると、スゥは大人びた口調で言った。

「せや。カミコ、弱いし練習楽やと思ってん」

(「弱い」は間違《まちが》いないけど「練習楽」はちゃうで)

匠《たくみ》は口に出すことなく、あわれみの目だけを向けた。

スゥの加入により、上小阪中は一気に変わった。2月に行われた市の1年生大会で、なんと決勝進出を果たしたのだ。

150㎝に満たないがスピードがあり、シュート、ドリブル、パスと何でもでき

太平寺小《たいへいじしょう》
東大阪市にあった太平《たいへい》寺《じ》小学校。三ノ瀬《さんのせ》小学校と統合《とうごう》し、現在《げんざい》は布施《ふせ》小学校となった。

る匠《たくみ》と、170㎝を超《こ》える長身を生かしてゴール下で体がはれるスゥ。

2人の凸凹《でこぼこ》コンビを軸《じく》に、あっくんや良樹《よしき》らが攻守《こうしゅ》にわたる泥臭《どろくさ》いプレーで脇《わき》を支《ささ》え、上小阪中は次々《つぎつぎ》と勝ち星を重ねた。ふだんは鬼《おに》のようなコーチも「やればできるじゃん」と興奮《こうふん》気味に褒《ほ》めてくれた。

決勝の相手は「東大阪最強」との呼《よ》び声高き長瀬《ながせ》中。強さだけでなくメンバーのやんちゃさでも有名だった長瀬《ながせ》中の、ネームバリューと迫力《はくりょく》にびびりまくった上小阪中はまったく自分たちの力を発揮《はっき》できず、20点差で負けた。

悔《くや》しかった。

ただ、その悔《くや》しさを引っくるめて、匠《たくみ》は今まで感じたことのない感情《かんじょう》に胸《むね》を高鳴らせた。

(俺《おれ》ら、強なってきてるんや)

初めての敗北

フルメンバーになれば相変わらず弱小チームだったが、上小阪中の面々《めんめん》はさらに無我夢中《むがむちゅう》でバスケットに打ち込《こ》んだ。彼《かれ》らの熱に反応《はんのう》するように、コーチの指導《しどう》にもいっそう力が入った。

そして匠《たくみ》の胸《むね》には、バスケに対する意地とプライドが芽生えていた。

2年の夏、匠《たくみ》にとっての大事件《だいじけん》が起きた。

2人組で行う鬼《おに》ごっこのような練習メニュー「対面ランニング」で、初めて部員に負けたのだ。

相手は良樹《よしき》だった。

お互《たが》いの家を10秒で行き来できるほどのご近所さんで、幼稚園《ようちえん》のころからほぼ毎日一緒《いっしょ》に遊んでいた良樹《よしき》は、ふだんはおとなしくて優《やさ》しい性格《せいかく》だが、バスケになると負けず嫌《ぎら》いのスイッチが入り、実はひそかに匠《たくみ》へのライバル心を燃《も》やしていた。

「たまには匠《たくみ》と良樹《よしき》でやってみな」

コーチに促《うなが》され、上小阪中バスケ部きっての負けず嫌《ぎら》い同士《どうし》はバレーボールコートの対角でにらみ合った。

(ちっちゃいころから何も勝てんかったけど、今は走ることだけなら負けへん。意地でも勝ったる)

良樹《よしき》は並々《なみなみ》ならぬ気合を持って、スタートの姿勢《しせい》をとった。

(まあ負けへんやろ)

匠《たくみ》は余裕《よゆう》だった。

コーチの笛が鳴り、対決が始まった。

バレーコートのライン上を走り、タッチを狙《ねら》う2人の戦いはなかなか決着がつかず、勝負を終えた部員たちが見守る中、どちらが先に力尽《つ》きるかの戦いに移行《いこう》した。

(アカン、もう息がもたへん)

匠《たくみ》が床《ゆか》に倒《たお》れ込《こ》んだ直後、体育館には大きな歓声《かんせい》が響《ひび》いた。

悔《くや》しさを押《お》し殺《ころ》すために拳《こぶし》を握《にぎ》ろうとしたが、力が入らなかった。

小学生のころから、スポーツも勉強も敵《てき》なしだった。

女子にも学年で1、2位を争うくらい人気があったし、ちょっとやんちゃな子ともおとなしい子とも仲良くできる、クラスの中心的存在《そんざい》だった。

ところが中学に入ると、匠《たくみ》をとりまく環境《かんきょう》は変化した。

小学校のころ一緒《いっしょ》にスポーツに熱中し、泥《どろ》だらけになって遊んでいた仲間たちは、急に背《せ》が伸《の》びてごつくなり、女子の目を気にして髪型《かみがた》を気にしたり、イキったり、何かに一生懸命《いっしょうけんめい》になることを格好《かっこう》悪がるようになっていた。

(バスケと勉強しかしてへん俺《おれ》って、もしかしてイケてないんかな……)

身長があまり伸《の》びず、見た目をあまり気にしていなかった匠《たくみ》は、クラスで感じていた違和感《いわかん》と良樹《よしき》への敗北をきっかけに誓《ちか》いを立てた。

〝勉強とバスケだけは絶対《ぜったい》に負けない〟

先生に頼《たの》みこんで朝7時に体育館を開けてもらい、学校の周りを10周走る「外周」はどんなに体調が悪い日もトップを死守した。授業《じゅぎょう》中はしっかり集中して内容《ないよう》をさらい、テスト前は2週間前から準備《じゅんび》に励《はげ》んだ。

そして、そういう気持ちや行動は決して表に出さなかった。

8月半ば、チーム史上《しじょう》最高位となる中河内《なかかわち》大会ベスト4という成績《せいせき》で3年生が引退《いんたい》し、匠《たくみ》たちが最上級生になった。翌日《よくじつ》の練習前、コーチから次の代のキャプテンは匠《たくみ》、副キャプテンはスゥと申し渡《わた》された。

体育館の真ん中で三角座《ずわ》りした2年生たちに向かって、コーチは続けた。

「で？　お前らの代はどこを目指すのよ？」

（中途半端《ちゅうとはんぱ》は嫌《いや》や。俺《おれ》らは、俺《おれ》は、どこまで行けるんか知りたい）

しばしの沈黙《ちんもく》を破《やぶ》り、匠《たくみ》は言った。

「大阪優勝《ゆうしょう》です」

部員たちは全員「こいつ何を言うんや」と驚《おどろ》き、コーチはニヤリと笑った。

「おぉ、言ったな。大阪を獲《と》るんならそれなりの練習をするよ」

中河内大会《なかかわち》
大阪府の中河内《なかかわち》地区で行われる中学校のバスケットボール大会。

三角座り《ずわ》
両腕《りょううで》で両ひざをかかえて座《すわ》る座《すわ》り方。体育座《ずわ》り。

大阪ナンバーワンプレーヤー

秋の中河内《なかかわち》大会を準優勝《じゅんゆうしょう》で締《し》めくくった後、匠《たくみ》は中河内《なかかわち》地区の選抜《せんばつ》メンバーとして「地区対抗《たいこう》戦」という大会に出場した。キャプテンと先発ポイントガードを務《つと》めた匠《たくみ》は中河内《なかかわち》地区を8チームの頂点《ちょうてん》に導《みちび》き、大阪府選抜《せんばつ》の選考会に招集《しょうしゅう》された。

中学入学前、お父さんに言われて初めて存在《そんざい》を知った「府選抜《せんばつ》」は、中学に入って2年が経《た》とうとしている今になってもピンと来ないものだった。ただ、各地区のトッププレーヤーと初めて対戦したことで、大阪にはこんなにでかくてうまい奴《やつ》らがいるんだ、ということは実感できた。

中でも匠《たくみ》は、三島地区選抜《せんばつ》のガードに衝撃《しょうげき》を受けた。

「なあ、あいつやばない？」

中河内《なかかわち》選抜《せんばつ》のチームメートだった長瀬《ながせ》中の部員に言うと、彼《かれ》は答えた。

「西陵《せいりょう》中の森田雄次《もりたゆうじ》や。あっこ、スタメン４人が２年やのに府ベスト４やで」

ポイントガード
バスケットボールのポジションの一つ。メンバーに指示《しじ》を出し、チームの中心となってゲームを組み立てる。

スタメン
試合に、最初から出る選手。スターティングメンバー。

「マジで？　うちと同じやんけ」

「アホか、カミコなんか比《くら》べ物にならんわ。あいつが俺《おれ》らの代の大阪ナンバーワンプレーヤーやろうな」

（あれが大阪ナンバーワンか……）

匠《たくみ》が釘《くぎ》づけになっていることなどお構《かま》いなしに、コートに立つ森田は難《むずか》しいドリブルテクニックでディフェンスを崩《くず》し、抜群《ばつぐん》のスピードでディフェンスを抜《ぬ》き去り、きれいなフォームからジャンプシュートを次々《つぎつぎ》と沈《しず》めていく。そのどれもが見たことがないようなレベルの高さだった。

身長がほぼ同じだった匠《たくみ》と森田は、選考会の練習でペアを組むことになった。一緒《いっしょ》にプレーすればするほど、匠《たくみ》は森田のすごさを実感した。これまではどんな選手も全力を出せば守れたが、森田にはそれが通用しない。

（なんでこいつは止められへんのやろ）

匠《たくみ》は必死に考えをめぐらせながら、森田を追いかけた。

選考会の結果は、それから間もなく知らされた。

ディフェンス
相手が点を入れるのを防《ふせ》ぐこと。守り。

ジャンプシュート
ジャンプしながら放つシュート。

「おめでとう。選ばれとったで」

「……あ、ホンマですか」

顧問《こもん》の先生の言葉を聞いた瞬間《しゅんかん》、体中の血液《けつえき》が沸騰《ふっとう》しそうなほど興奮《こうふん》したが、匠《たくみ》はそれをひた隠《かく》し、スカして答えた。

翌週《よくしゅう》から、3月最後の週末に東京で行われる全国大会に向けた練習が始まった。森田を筆頭に粒《つぶ》ぞろいのメンバーが揃《そろ》う中、匠《たくみ》はキャプテンに抜擢《ばってき》された。

週に2回、夕方の満員電車に乗って大阪市内の練習会場へ向かうことも、ほぼ面《めん》識《しき》のない同い年と仲良くなっていくことも、遠方に合宿に行くことも、ハイレベルな切磋琢磨《せっさたくま》を繰《く》り返すことも、すべてが匠《たくみ》にとって初めての経験《けいけん》だった。

3月中旬《ちゅうじゅん》に発生した東日本大震災《だいしんさい》の影響《えいきょう》で大会は中止になったが、府選抜《せんばつ》の一員として過《す》ごした約3か月間を経《へ》て、匠《たくみ》は、もっともっと高い場所でバスケをしてみたいと思うようになっていた。

3年生に進級してすぐに行われた中河内《なかかわち》大会決勝で、上小阪中は今までで一番長《なが》瀬《せ》中に肉薄《にくはく》した。

匠《たくみ》は攻守《こうしゅ》ともに地区レベルでは手のつけられないような選手になり、スゥはアウトサイドのプレーを身につけたことで得点《とくてん》パターンが倍増《ばいぞう》した。あっくんは鋼《はがね》の肉体とエースキラーを担《にな》えるほどのディフェンス力を手に入れ、良樹《よしき》は誰《だれ》よりも早く自陣《じじん》へ走り出して匠《たくみ》からのパスを得点《とくてん》につなげ、ケガの影響《えいきょう》で2年の途中《とちゅう》までプレーできなかったケイは3ポイントシュートの成功率《せいこうりつ》が向上していた。

連戦ボロ負けから始まり、コーチにどやされまくり、自分たちが強いのか強くないのか常《つね》に半信半疑《はんしんはんぎ》だった部員たちは、ようやく「俺《おれ》たちもそこそこになってきた」という自信を身につけていた。

上小阪中バスケ部、最大の挑戦《ちょうせん》

修学《しゅうがく》旅行を終えた6月末の日曜の練習後、近畿《きんき》大会や全国大会につながる「大阪選手権大会《せんしゅけん》」の組み合わせが書かれたプリントが配られた。

400を超《こ》えるチームが、一発勝負のトーナメントで頂点《ちょうてん》を争う選手権《せんしゅけん》。プリントは4枚《まい》にもおよび、自分たちがどのブロックにいるかを探《さが》すだけで一苦労だ。

「あった、Dブロックや」

匠《たくみ》が声を上げると、みんながどやどやと集まってきた。

中河内《なかかわち》大会で準優勝《じゅんゆうしょう》した上小阪中は1回戦が免除《めんじょ》されていた。ブロックのベスト4まで勝ち進んだら、森田のいるスーパーシードの西陵《せいりょう》中と当たる組み合わせだ。

「去年は2回戦負けやったけど、今年はどこらへんまで行けるやろな」

「西陵《せいりょう》中まで行けたら最高やな。匠《たくみ》、ここ、府選2人おるんやろ?」

「せや。森田ってやつがめっちゃ点とるで」

「ホンマか……」

多少自信がついてきたとは言え、入学以来このトーナメントで上位まで勝ち上がったことは一度もない。未知すぎるチャレンジを前に、部員たちの気持ちはどうにも盛《も》り上がらない。

(みんなのテンションが盛《も》り上がることができんやろか)

そう思った匠《たくみ》は、あることをひらめいた。

「なあ、みんなで坊主《ぼうず》にせえへん？」

「はあ？　ダサない？」

「俺《おれ》、坊主《ぼうず》なんてしたことないわ」

「兄ちゃんの代がやってたんやけど、めっちゃいかついで。なあ、やろうや」

最初は乗り気でなかった仲間たちは次第にテンションが上がり、常《つね》に五厘刈《ごりんが》りのあっくんを除《のぞ》く3年生全員が、たまり場になっていたヒジの家に集合した。

「おばちゃん、バリカン貸《か》してくれへん？　坊主《ぼうず》にすんねん」

「おっしゃ、任《まか》せとき！」

ヒジのお母さんはノリノリでバリカンを持ってきた。

「俺《おれ》、真ん中から一気にやろ」

「ちょっと柄《がら》入れたろうかな」

「アホか、コーチに速攻《そっこう》で怒《おこ》られるわ」

「うわっ、お前、バリ似合《にあ》わへんな」

「お前やってきしょいぞ」

駄菓子《だがし》と麦茶を片手《かたて》にゲームをし、どうでもいい話をし、お風呂場《ふろば》から丸坊主《ぼうず》が現《あらわ》れるたびにみんなで爆笑《ばくしょう》した。


上小阪中男子バスケ部最大の挑戦《ちょうせん》となる府大会は、最悪な形で幕《まく》を開けた。

上小阪中の体育館で初戦を終えた後、ケイと後輩《こうはい》数人が教室でトラブルを起こし、翌日《よくじつ》の試合を謹慎《きんしん》するよう言い渡《わた》されたのだ。

「ケイ、このままずっと試合に出られへんのとちゃうん?」

「ホンマか。あいつスタメンやのにおらんくて大丈夫《だいじょうぶ》やろか」

会場に向かう電車の話題はケイのことで持ちきりだったが、匠《たくみ》は落ち着いていた。

(これがスゥやなくてホンマよかった。ケイやったらおってもおらんでもそんなに変わらんやろ)

その読みは間違《まちが》っていなかった。

高倉中戦は、ケイに代わって試合に出た同級生が好プレーを連発して快勝《かいしょう》。続く守口《もりぐち》一中の主力はミニバスの時にボコボコに負けた相手だったが、「トモキ」と呼《よ》ばれていた1個《こ》下のガードを匠《たくみ》がほぼ完璧《かんぺき》に封《ふう》じて大勝した。

夕食を終え、リビングでテレビを見ていると玄関《げんかん》のチャイムが鳴った。

「ケイくんと先生が来てはるで」

お母さんが言った。

(何やろか……)

玄関《げんかん》に顔を出すと、女子バスケ部の顧問《こもん》をしていた女性《じょせい》の先生とケイがいた。

「遅《おそ》くにごめんな」

状況《じょうきょう》がよくつかめずにいる匠《たくみ》に先生は、ケイが試合に出られなくなったことを女

守口《もりぐち》一中　大阪府の守口《もりぐち》市立第一中学校。

バスにいたケイの彼女《かのじょ》づてに聞いたのだと教えてくれた。

「ケイな、今日駅で先生に『試合に出させて下さい』ってお願いしたんやけど『アカン』って言われてもうたんやって。私《わたし》も明日話してみるけど、匠《たくみ》からもお願いしてもらえへんかな。夜も寝《ね》られんくらい反省してるねん」

先生はそう言って涙《なみだ》ぐんだ。

京阪《けいはん》電車とＪＲを乗り継《つ》いでたどり着いた俊徳道《しゅんとくみち》駅の改札前に、ケイと下級生たちがいたことはもちろん気づいていた。ただ、ひどい腹痛《ふくつう》に襲《おそ》われていた匠《たくみ》は何も声をかけずに家に帰っていた。

「……ほんまごめん」

ずっと下を向いて立っていたケイも、声を震《ふる》わせながら言った。いつもふざけてばかりのケイの泣き顔に、匠《たくみ》はハッとさせられた。

「気にせんでええって。明日言ってみるわ」

翌日《よくじつ》、練習を終えた匠《たくみ》は、屋外バスケコートの奥《おく》にあるプールで、水泳の補習《ほしゅう》を終えた顧問《こもん》の先生に話をした。

「何や？」

「あの、ケイたちを試合に出させてもらえませんか。反省してるんで」

先生はカッと目を開いて声を荒《あら》らげた。

「なんで昨日駅で言わんかったんや？　あいつらがおったの気づいとったやろ」

「うんこに行きたかったからです」とは言えず黙《だま》っていたら、先生は続けた。

「お前は学校生活もちゃんとしとるし、成績《せいせき》もええ。バスケやって府選や。でも、自分がよかったらそれでええんか？　キャプテンやろ？　仲間のことを一番に考えんで何がキャプテンや？」

「…………」

「あいつらのことはこれから決める」

先生はそう言って職員室《しょくいんしつ》へ向かった。

匠《たくみ》は体育館へ続く誰《だれ》もいない砂利道《じゃりみち》を、とぼとぼと歩き出した。

ふと目線を上げる。

体育館の入り口で、事情《じじょう》を知らない後輩《こうはい》たちがはしゃいでいる。

涙《なみだ》が出てきた。

匠《たくみ》は彼《かれ》らの死角にうずくまり、胸《むね》の中の爆発《ばくはつ》しそうな感情《かんじょう》と必死に戦った。

(府選のやつらは必死こいて練習しとるやろうに、なんで俺《おれ》はこんなことで怒《おこ》られなあかんねん。もっとバスケがうまなりたいねん。頼《たの》むから集中させてくれや)

その後行われた臨時《りんじ》ミーティングで、ケイたちのチームへの同行が認《みと》められた。


西陵《せいりょう》中と対戦する朝がやってきた。

森田を含《ふく》む2人の府選抜《せんばつ》メンバーに加えて地区選抜《せんばつ》メンバーがさらに2人いる西《せい》陵《りょう》中は、今大会ダントツの優勝候補《ゆうしょうこうほ》。飛び抜《ぬ》けて大きな選手はいないが体格《たいかく》がよく、髪型《かみがた》やユニフォームの着こなしも垢抜《あかぬ》けている彼《かれ》らは、体中から自信をあふれさせている。

ガリガリの体にユニフォームをまとっただけで、中途半端《ちゅうとはんぱ》に伸《の》びた坊主《ぼうず》頭の上小阪中の面々《めんめん》とは大違《おおちが》いだ。

コーチは仕事の都合で来られない。ケイもまだ試合には出られない。

自分たちがどれだけ戦えるかはまったくわからないが、匠《たくみ》の心は決まっていた。

(ケイとコーチのためにも絶対《ぜったい》負けられへん。やるしかないんや)

みんなで円陣《えんじん》を組む。

匠《たくみ》は言った。

「昨日も言うたけど、絶対《ぜったい》5番と7番が点取ってくる。ここ、絶対《ぜったい》抑《おさ》えよう」

「わかった」

「やったろや」

「ワン、ツー、スリー!」

「おう!」

スゥのミドルシュートで先制《せんせい》した上小阪中は、磨《みが》いてきた激《はげ》しいディフェンスで西陵《せいりょう》中のミスを立て続けに誘《さそ》い、試合の先手を取った。しかし西陵《せいりょう》中も厳《きび》しいディフェンスで上小阪中に得点《とくてん》の起点を作らせず、森田の連続得点《とくてん》ですぐに試合をひっくり返した。

14—16でスタートした第2クォーター序盤《じょばん》、匠《たくみ》はギアを上げて積極的に攻《せ》めた。

最初のオフェンスでドライブからのフローターシュートを沈《しず》め、２連続で３ポイントシュートを成功させ、ドライブから良樹《よしき》のゴール下のシュートをアシスト。小柄《こがら》な背番号《せばんごう》４番に、体育館中の注目が集まり始めた。

スゥが倒《たお》れ込《こ》みながら奪《うば》ったボールを受け、匠《たくみ》が６本目の３ポイントシュートを決めた瞬間《しゅんかん》、前半終了《しゅうりょう》のブザーが鳴った。上小阪中は10点のリードを奪《うば》っていた。

「よっしゃよっしゃ、このまま行けるぞ！」

「匠《たくみ》、もう20点くらいとっとるで！」

ハーフタイム中、顧問《こもん》の先生やヒジが声をかけてくれたが、無我夢中《むがむちゅう》すぎて匠《たくみ》の頭には何も入って来なかった。

後半に入っても上小阪中の勢《いきお》いは止まらなかった。あっくんはマッチアップを担《にな》った森田のシュートをブロックしてベンチと応援団《おうえんだん》を沸《わ》かせ、スゥはクレバーにアシストを繰《く》り出し、良樹《よしき》はオフェンスでもディフェンスでも常《つね》に全力で足を動かし続けた。

試合終了《しゅうりょう》を告《つ》げるブザーが鳴り響《ひび》く。

ドライブ
ドリブルをしながらディフェンスを抜《ぬ》いて、ゴールをねらうこと。

マッチアップ
2人の対戦。自分がマークする選手との対戦。

67－56。

この年の大阪中学バスケ界、最大の番狂《ばんくる》わせが起きた。

大人びたスゥが飛び上がる。

おとなしいあっくんと良樹《よしき》が、見たこともないような笑顔《えがお》で喜《よろこ》んでいる。

ケイやヒジらベンチメンバーは、あいさつが終わるのを今かと待ち構《かま》えている。

「よっしゃあああああああ!!!」

3ポイント10本を沈《しず》めて40得点《とくてん》を挙げた匠《たくみ》も、拳《こぶし》を突《つ》き上げてベンチに走った。


翌日《よくじつ》の試合にも快勝《かいしょう》した上小阪中は、上位4校で争う決勝リーグに駒《こま》を進めた。

そして、全敗で大会を終えた。

西陵《せいりょう》中に並《なら》ぶ優勝候補《ゆうしょうこうほ》だった和泉《いずみ》中に完敗して迎《むか》えた2戦目の三稜《さんりょう》中戦は、延長《えんちょう》戦の激戦《げきせん》になった。しかし終盤《しゅうばん》、逆転《ぎゃくてん》を狙《ねら》ってドライブを仕掛《しか》けた匠《たくみ》がファールを取られて退場《たいじょう》し、最後はバスケットカウントワンスローを沈《しず》められて負けた。

試合を終えたメンバーは、言葉を交《か》わすことなく体育館の外に出た。

バスケットカウントワンスロー
オフェンスがシュートを決めた時にディフェンスからのファールがあった場合、オフェンス側にあたえられるフリースロー。決まれば3得点《とくてん》となる。

小雨《こさめ》が降《ふ》っていた。
良樹《よしき》は、匠《たくみ》がチームメートから少し外れた場所でしゃがみこんだのに気づいた。
小さな背中《せなか》が、大きく震《ふる》えていた。
最強の幼《おさな》なじみが泣くのを見るのは初めてだった。

次なる目標

（バスケばっかりの3年間やったなあ）

卒業式後の打ち上げから帰ってきた匠《たくみ》は、布団《ふとん》に寝転《ねころ》びながらそう思った。

上小阪中での3年間は、授業《じゅぎょう》時間以外のほとんどの時間がバスケで埋《う》め尽《つ》くされていた。何なら、部活の後やたまの休みもいつもバスケ部でつるんでいた。

ヒジの家でスマブラやマリオカートをやり込《こ》んだ。死ぬほど練習した後に地域《ちいき》のスポーツセンターでバスケをやり、お泊《と》まり会をすれば怪談話《かいだんばなし》で盛《も》り上がった。

どれだけ練習でへばっても、誰《だれ》かが「今日何して遊ぶ？」と言えば、すぐにみんな元気になれた。ケンカをすることは一度もなかった。そもそも、真面目《まじめ》な話なんて一回もしたことがない。最高にしんどかったけど、最高に楽しかった。

スゥとケイは近所の高校に進学する。良樹《よしき》、あっくん、ヒジはそれぞれ別の高校を選んだ。匠《たくみ》は府選抜《せんばつ》のチームメートに誘《さそ》われて、上小阪中からさらに数100メ

スマブラ
任天堂《にんてんどう》の対戦アクションゲーム。大乱闘《だいらんとう》スマッシュブラザーズシリーズ。

マリオカート
任天堂《にんてんどう》のアクションレースゲームシリーズ。

ートル進んだところにある強豪《きょうごう》・近畿《きんき》大学附属《ふぞく》高校に進学を決めた。

（小さいころからずっと一緒《いっしょ》おったやつらと離《はな》れるって、なんか変な感じやな）

ちょっぴりさみしい気持ちになったが、すぐに思い直した。

（みんな近所に住んどるんやし、いつでも会えるやろ）


「大阪優勝《ゆうしょう》」

匠《たくみ》が宣言《せんげん》した目標には、残念ながらあと少し手が届《とど》かなかった。

しかし、地区1回戦負けが定位置だった上小阪中が優勝《ゆうしょう》候補《こうほ》を破《やぶ》って大阪4位まで上り詰《つ》めるなんて、誰《だれ》が予想しただろう。近隣《きんりん》のチームも。コーチも。顧問《こもん》の先生も。部員たちも。そして、匠《たくみ》自身も。

中学3年間で大きな自信を手にした匠《たくみ》の次なる目標は、あと一歩のところで届《とど》かなかった大阪制覇《せいは》、そして全国大会だ。

（とにかくはよ試合に出たる。何なら先輩《せんぱい》からスタメンを奪《うば》ったる）

匠《たくみ》は心の中でそう誓《ちか》った。

STORY. 2

ひび割《わ》れたプライド　高校編《へん》1

近《きん》畿《き》大学附《ふ》属《ぞく》高等学校 バスケットボール部

大阪府東大阪市

原匠 | Hara Takumi

1年からスタメン。成績《せいせき》も優秀《ゆうしゅう》。
ポイントガード。キャプテン。

嶋津友稀 | Shimazu Tomoki

匠《たくみ》の後輩《こうはい》。守口《もりぐち》一中出身。
ポイントガード。

中野真吾 | Nakano Shingo

匠《たくみ》の同期。匠《たくみ》を支《ささ》える。
副キャプテン。

期待と違和感《いわかん》

9月になっても東大阪はうだるように暑い。ただ、それを差し引いてもこの日は踏《ふ》み込《こ》むペダルがいつもより重く感じた。

「で、どうするん？」

軽自動車が1台やっと通れるくらいの細い道を自転車で並走《へいそう》しながら、中野真吾《なかのしんご》がよく通る野太い声で聞いてきた。

「やって、まだ2年やで？　ホンマにええんやろか」

「俺《おれ》はええと思うで。どうせあと少しで代替《だいが》わりやん」

「せやけど……」

匠《たくみ》は近畿《きんき》大学附属《ふぞく》高校、通称《つうしょう》「近高《きんこう》」の2年生になっていた。

部員が80人を超《こ》え、大阪で3本の指に入る強豪《きょうごう》の近高で、匠《たくみ》は1年の5月からスタメンに抜擢《ばってき》された。1年生のポイントガードがこの時期からスタメンを勝ち取る

スタメン
試合に、最初から出る選手。スターティングメンバー。

ポイントガード
バスケットボールのポジションの一つ。メンバーに指示《しじ》を出し、チームの中心となってゲームを組み立てる。

のは、近高バスケ部としては異例《いれい》だった。

高校バスケは夢《ゆめ》のように楽しい場所だった。夏のインターハイと冬のウインターカップ、2つの全国大会を初めて経験《けいけん》し、そのレベルの高さにワクワクした。ウインターカップ2回戦に敗れて3年生が引退《いんたい》を迎《むか》え、体育館の外で最後のミーティングをした時は、なぜか涙《なみだ》があふれて止まらなかった。

（また全国に行って、チームみんなで泣いたり笑ったりしたい）

そんな匠《たくみ》の願いに黄色信号が灯《とも》っていた。

一つ上の先輩《せんぱい》たちは、代替《だいが》わりをしたころからたくさんのトラブルを起こしていた。初戦となった新人戦は大阪2位、続く近畿《きんき》大会でも準優勝《じゅんゆうしょう》という幸先《さいさき》のいいスタートを切ったにもかかわらず主力メンバー数人が部を辞《や》め、インターハイ予選はベスト16敗退《はいたい》。その後も何度もキャプテンが交代した。

この日の昼休み、匠《たくみ》は練習停止《ていし》を言い渡《わた》された先輩《せんぱい》たちにかわって、監督《かんとく》の大森《おおもり》健史《たけし》先生と今後の練習の打ち合わせを行った。

部員の自主性《じしゅせい》を大切にする大森先生は、練習でも試合でも口数が多くなく、部員

インターハイ
全国高等学校総合《そうごう》体育大会。毎年7月から8月に開催《かいさい》される、スポーツの祭典。高校総体《そうたい》とも。

ウインターカップ
全国高等学校バスケットボール選手権《せんしゅけん》大会。年末に行われ、高校生活のしめくくりとなる大会。

を怒鳴《どな》ったりすることもまずない。ただ、190㎝の長身とひょうひょうとしたたたずまいがそうさせるのか妙《みょう》な威圧感《いあつかん》があり、どうでもいいことを話しているようなテンションで真面目《まじめ》なことを話すことがあって気が抜《ぬ》けない。

「もうお前がそのままキャプテンをやったらええんちゃうん」

練習内容《ないよう》などをひとしきり伝えたあと、先生はいつも通りの気の抜《ぬ》けた口調でそう言った。

(……え、これって冗談《じょうだん》なん、本気なん)

判断《はんだん》がつかないままその場を後にし、早速真吾《さっそくしんご》に相談したのだ。

高2とは思えないような落ち着きと貫禄《かんろく》を備《そな》えていた真吾《しんご》は、匠《たくみ》にとって唯一《ゆいいつ》の相談相手だが、学校を出てものの5分程度《ていど》で真吾《しんご》と別れる交差点に着いてしまうのがもどかしい。

「まあ、好きにしたらええと思うで。どうせ代替《だいが》わりしたらキャプテンは間違《まちが》いなくお前や。ほなな」

ひらひらと手を振《ふ》る真吾《しんご》の背中《せなか》を力なく見送り、匠《たくみ》はハンドルを大きく切った。

(先輩《せんぱい》らを差し置いてチームをまとめるとか、俺《おれ》には無理やて……)

匠《たくみ》が担《にな》うポイントガードは、得点《とくてん》差や時間、相手の守り方に応《おう》じて適切《てきせつ》なオフェンスを指示《しじ》する「コート上の監督《かんとく》」と言われる。

1年生からその役目を担《にな》ってきた匠《たくみ》は、必要があれば上級生にも指示《しじ》を出したし、それを大変だと思ったこともない。

ただ、コートを離《はな》れたところでも同じことをやれる自信はなかった。

というのも、匠《たくみ》のバスケ部における位置づけは「バスケをやってなかったらただの陰《いん》キャ」。自分が話題の中心になることはほとんどなく、練習後に部員たちがふざけている時も、遠くで黙《だま》って見ていることが多かった。そんな自分が60人近い部員を先頭に立ってまとめる姿《すがた》はとても想像《そうぞう》できなかった。

(俺《おれ》はただバスケをやりたいだけやのに、なんでこんなことになるんやろ…)

ただでさえ匠《たくみ》は最近、自分の置かれた状況《じょうきょう》に違和感《いわかん》を覚えていた。

1年の春からスタメンを勝ち取り、インターハイにもウインターカップにも出場した匠《たくみ》の名前は、東大阪どころか大阪中に知れ渡《わた》っていた。大阪のバスケ情報《じょうほう》を発信するSNSで何度も名前やプレーを取り上げられ、試合会場やバスケショップでは知らない人の視線《しせん》や「近高のガードや」というささやき声を受けていた。

市一回戦負けから大阪ベスト4にまで上り詰《つ》めた中学時代を経《へ》て、両親からかけられる期待も爆増《ばくぞう》。姉と兄は、決して恵《めぐ》まれているとは言えなかった経済状況《けいざいじょうきょう》を考えて公立高校から国立大学に進んだが、匠《たくみ》だけはバスケを理由に私立《しりつ》の近高に進ませてもらった。

近所の人に匠《たくみ》のことを話す時両親はいつもうれしそうで、上小阪中でバスケをやっていた2個《こ》下の妹は不機嫌《ふきげん》そうだった。

部で親をまじえた食事会を行った時、匠《たくみ》はたまたま父とチームメートの親の会話を聞いた。

「あんまり子どもにプレッシャーかけたらあかんで」

「いやいや、あえてですわ」

やんわりと諭《さと》したその人に、父はドヤ顔で言った。

「中学入る時『バスケをやるなら府選抜《せんばつ》くらいは目指せ』って言うたら、ホンマに府選抜《せんばつ》に入ってもうて。あいつは僕《ぼく》がプレッシャーかけたほうが伸《の》びるんですわ」

(しんどいな……)

匠《たくみ》は心底そう思った。

真吾《しんご》が言うように、代替《だいが》わりをしたら自分がキャプテンになるんだろうとは早くから想像《そうぞう》していた。1年の時から試合に出ているし、部活でも学校でも真面目《まじめ》。いかにもキャプテンっぽいキャラだという自覚はあったが、自信はなかった。

注目されることも、期待されることも、頼《たよ》られることも、もちろんうれしい。

だけど、なんでこんなに心がもやつくのか。

気づけば家の前にいた。高校から匠《たくみ》の家は自転車で10分の距離《きょり》にある。

(学校から家が近いって、ええことばかりやないな)

匠《たくみ》はうらめしい思いで玄関《げんかん》のドアを開けた。

自分なりのキャプテン

大森先生は結局そのまま3年生にキャプテンを続けさせ、数週間後に始まったウインターカップ予選はベスト16で終わった。匠《たくみ》は満場《まんじょう》一致《いっち》でキャプテンになり、副キャプテンは投票で真吾《しんご》が選ばれた。

先輩《せんぱい》たちを間近で見ていた匠《たくみ》は、リーダーの重要さを身にしみて実感していた。誰《だれ》が誰《だれ》に何を言っただの、ちょっかいをかけただの、先輩《せんぱい》たちはいつも衝突《しょうとつ》を繰《く》り返し、チームの活動を休止させた。部員たちは誰《だれ》についていき、何を目指せばいいのかがわからず、いつも右往左往《うおうさおう》していた。

ただでさえ近高は部員が多く、主力のAチームとそれ以外のBチームが別々《べつべつ》の体育館で活動していて、チームとしての一体感が生まれにくい。匠《たくみ》はそれでもチームが一丸となってバスケに全力を注ぐことで、全国大会を目指したかった。

(俺《おれ》が目指せるキャプテンって、どんなやろ)

考えた末、匠《たくみ》は自分が先頭に立ち、お手本となる姿《すがた》を見せようと思った。私生活《しせいかつ》をきちんとする。授業《じゅぎょう》を寝《ね》ずにちゃんと聞く。テストで点数をとる。

(怒《おこ》って口であれこれ言うのは得意《とくい》やない。俺《おれ》がしっかりやってる姿《すがた》を見せたら、怒《おこ》らなあかん段階《だんかい》になる前に「俺《おれ》もちゃんとせな」と思ってくれるはずや)

幸い匠《たくみ》は成績《せいせき》がよかった。クラス順位はたいてい3番以内だったし、1年の時には成績優秀者《せいせきゆうしゅうしゃ》として表彰《ひょうしょう》されたこともある。

両親の教育で日頃《ひごろ》からコツコツ勉強する習慣《しゅうかん》が身についていただけで「好き」とか「楽しい」と思ってやっていたわけではないが、勤勉《きんべん》さと真面目《まじめ》さは、自分が持っているものの中では一番わかりやすく力があると思った。

バスケ面では、練習中も試合中も常《つね》に冷静でいようと決めた。

プレーでミスしたとか、誰《だれ》かとケンカをしたとか、誰《だれ》かにフラれたとか、毎日誰《だれ》かしらが明らかに気の抜《ぬ》けた状態《じょうたい》でプレーしていたが、匠《たくみ》には理解《りかい》できなかった。

(ホンマしょうもない。俺《おれ》は絶対《ぜったい》にバスケに私情《しじょう》を持ち込《こ》まん)

代替《だいが》わりして最初の試験期間が終わり、答案が戻《もど》ってきた。体育館の下にある食《しょく》堂《どう》で時間をつぶしていた部員たちの話題は、もっぱらその結果だ。

「終わった……赤点2つや。追試だるいわ～」

「勝った。俺《おれ》3つ。まあ勉強せんかったし当然やねんけど」

「お前らようそんなこと自慢《じまん》できんな。進路に響《ひび》くで」

「匠《たくみ》はどうやった？」

端《はし》っこでうどんをすすっていた匠《たくみ》は、箸《はし》を止めて静かに言った。

「一応《いちおう》、クラスでは１番」

「うわ、出た！」

「テスト前の部活休みだけやったら勉強時間足りんくない？　徹夜《てつや》してるん？」

「いや、世界史《せかいし》とか暗記があるやつは部活あった時から準備《じゅんび》しとったし、ふつうに12時前には寝《ね》とったで」

「は～、さすがやな」

「ホンマ、さすが陰《いん》キャや」

匠《たくみ》は小さく笑って「やかましいわ」と言った。

悩《なや》みの種

季節は冬になり、新チームの初陣《ういじん》となる新人戦が近づいてきた。

匠《たくみ》は浮《う》かない顔をして体育館の端《はし》っこに立っていた。トレーニング中にバランスを崩《くず》し、利《き》き手の右手を骨折《こっせつ》したのだ。

(なんでこんな時にこんな鈍臭《どんくさ》いケガをするんやろ)

コートでは、近高バスケ部の屋台骨《やたいぼね》を支《ささ》えるディフェンスの練習が行われている。主力をつとめる同期がミスをした。その後も気持ちを切り替《か》えられず、なんとなくイライラしている様子が見て取れる。

「なんやねんそれ！」

1年生がミスをすると、彼《かれ》は咎《とが》めるように叫《さけ》んだ。

即座《そくざ》に真吾《しんご》の野太い声が響《ひび》く。

「いや、お前もさっきミスしとったやん。自分のプレーにイライラするのはええけど後輩《こうはい》にあたんなや」

不満そうな顔をしながら、彼《かれ》は「わかった」というように手を上げた。

(さすが真吾《しんご》や。俺《おれ》はあんなこと絶対《ぜったい》言えへん)

代替《だいが》わりして約3か月。匠《たくみ》はリーダーとして前に進めている実感を持てずにいた。

お手本となる振《ふ》る舞《ま》いや姿勢《しせい》は見せ続けている。「全国を目指そう」「私生活《しせいかつ》がバスケにつながる」「先輩《せんぱい》たちみたいなことは繰《く》り返したくない」というような自分の思いも、折を見て伝えている。

でも、どうしてもプレー以外のだらしない面を指摘《してき》できず、チームの雰囲気《ふんいき》を引き締《し》められなかった。

「そんなに集中できひんやったら一度抜《ぬ》ければ？　まわりに迷惑《めいわく》やで」

しびれを切らした大森先生は練習に集中していない部員にそう言い、細い目を匠《たくみ》に向けた。

「で、原《はら》は何をしとんの？　お前やろこれ言うの」

「……はい」

図星すぎて何も言えなかった。

練習は仕上げの5対5に移《うつ》った。

「匠《たくみ》くん、ちょっとええ？」

浮《う》かない顔で声をかけてきた後輩《こうはい》も、匠《たくみ》のひそかな悩《なや》みの種だった。

嶋津友稀《しまづともき》。中3の時にボコボコに負かした、守口《もりぐち》一中のガードだ。

白か黒のバッシュを履《は》く部員がほとんどの中、1人だけ派手《はで》な色のそれを履《は》き、校則《こうそく》に引っかからないギリギリのラインで髪《かみ》の毛を遊ばせた、いかにも女子にモテそうなこの後輩《こうはい》が匠《たくみ》は嫌《きら》いではなかった。

学校生活は見た目通りのチャラさを発揮《はっき》していたようだが、バスケに関しては真面目《まじめ》で、自由参加だった朝練に毎日5時半から取り組み、自分で課題を考えてコツコツと努力を重ねていたからだ。

匠《たくみ》と同じガードの友稀《ともき》は、部内でもピカイチのスピードとテクニックを備《そな》えていて、ディフェンスに自信のある匠《たくみ》ですら1対1で抑《おさ》え込《こ》むのには苦労した。

中学の時に負けたからなのだろうか、友稀《ともき》は1対1の練習や紅白《こうはく》戦のたびに匠《たくみ》と

バッシュ
バスケットシューズ。

のマッチアップを望み、ディフェンスの低い姿勢《しせい》から匠《たくみ》を覗《のぞ》き込《こ》む目からは「こいつには負けへん」という気持ちがあふれていた。

自分で攻《せ》めるという意識《いしき》が強すぎてディフェンスに的を絞《しぼ》られ、ミスが多いのであまり試合には出られなかったが、自分にはない武器《ぶき》を持っている友稀《ともき》は匠《たくみ》にとって怖《こわ》い存在《そんざい》だった。

「ええよ。何？」

「匠《たくみ》くんってプレー中に何を考えとるん？」

「え？」

「いや、ガードの先輩《せんぱい》として、聞いてみたくて」

「あー……」

答えようと思った。しかし一瞬《いっしゅん》、考えた。

（こいつには教えたないな。他のやつなら別にええけど、こいつには）

また一瞬《いっしゅん》考え、我《われ》に返った。

（いやいや、何やそれは。ダサすぎるやろ）

マッチアップ
2人の対戦。自分がマークする選手との対戦。

匠《たくみ》は動揺《どうよう》を隠《かく》し、精一杯《せいいっぱい》の平静を装《よそお》って言った。

「ここのマッチアップはオフェンスとディフェンスどっちが有利かとか、次はどういう展開《てんかい》になるか、とかやろか。近高のガードって自分で攻《せ》めるよりゲームコントロール優先《ゆうせん》でミス少なく……みたいなところがあるやん」

「あー、確《たし》かに」

「やから、自分が攻《せ》めるのは最終手段《しゅだん》。無理はせんとく。ミスして逆速攻《ぎゃくそっこう》くらったりして、一気に流れを変えられるほうが嫌《いや》やから」

「なるほどなあ。さすが匠《たくみ》くんやわ。ありがと」

前の組がちょうど終わった。友稀《ともき》はぴょこんと頭を下げてコートに戻《もど》った。

(あんなことを聞いてくるなんて、意外や)

棒《ぼう》きれみたいな体の隅々《すみずみ》に負けず嫌《ぎら》いを詰《つ》め込《こ》んだ、いかにもプライドの高そうな友稀《ともき》を見やりながら、匠《たくみ》は思った。

友稀《ともき》は中学時代に府選抜《せんばつ》に入っているにもかかわらず、高校ではなかなか試合に出るチャンスがない。おそらく相当に悔《くや》しい思いをしているのだろう。

（俺《おれ》なら自分が悩《なや》んどることの答えを持ってるって思ったんやろうな。「ダサい」とかそんなんより試合に出たいと思っとるから。俺《おれ》にはできひんわ）

友稀《ともき》のまぶしいばかりの真っすぐさは、匠《たくみ》の心に小さな影《かげ》を作った。

チームはその後もいい雰囲気《ふんいき》で成長した。週末から始まった地区大会に匠《たくみ》は出場できなかったが、コート上の仲間たちはたくましく、頼《たの》もしく見えた。

危《あぶ》なげない優勝《ゆうしょう》を見守って帰宅《きたく》すると、匠《たくみ》は机《つくえ》に向かい、日課にしていたノートを広げた。１週間の出来事《できごと》を思い返し、うまくいったこと、もっとやれたと思うことなどを記入していく。

左手で書く文字は軸《じく》が定まらず、筆圧《ひつあつ》も薄《うす》く、なんとも情《なさ》けない。

（俺《おれ》と同じやな）

中学の時は、どれだけコーチに怒《おこ》られても、過呼吸《かこきゅう》で倒《たお》れそうになっても、バスケのすべてが楽しかった。何も考えなくてもいろんなことがうまくいっていた。

でも、今は違《ちが》う。

（キャプテンとしても選手としても、このチームにおる意味があるんやろか）
心にからみつこうとする得体《えたい》の知れない何かをちぎって捨《す》てるため、匠《たくみ》は書いた。
『自分が戻《もど》ったらさらに強いチームにできる気がした』

しょうもないこと

高校最後のインターハイ予選まで3日を切った。

匠《たくみ》を近高に誘《さそ》ってくれた、チームーのシュート力を誇《ほこ》る上村《うえむら》哉太《かなた》をケガで欠きながら、近高は1月の大阪新人と2月の近畿《きんき》新人で3位という好成績《こうせいせき》を挙げた。4月には毎年のように苦しんでいた高さをカバーできる西野《にしの》曜《よう》が加わり、全国を狙《ねら》える布陣《ふじん》が調《ととの》った。

数学の授業《じゅぎょう》を受けながら、匠《たくみ》はぼんやりと窓《まど》の外を眺《なが》める。

高い建物のほとんどないだだっぴろい街と、八尾《やお》空港に向かう飛行機と、生駒《いこま》山。

(もう高3やで。なんでしょうもないことを何度も何度も繰《く》り返すんや)

5月の抜《ぬ》けるような青空とは裏腹《うらはら》に、心は重かった。

誰《だれ》かがふざける。誰《だれ》かがそれに怒《おこ》る。誰《だれ》かのミスを叱責《しっせき》する。誰《だれ》かが反発する。

部員間の小さないさかいから始まるトラブルは結局、去年と同じように頻発《ひんぱつ》した。

大阪新人
大阪高等学校バスケットボール新人大会。1月に開催《かいさい》。

近畿《きんき》新人
近畿《きんき》高等学校バスケットボール新人大会。2月に開催《かいさい》。

八尾《やお》空港
大阪府八尾《やお》市にある空港。

生駒《いこま》山
大阪府東大阪市と奈良県生駒《いこま》市の県境《けんざかい》にある山。

匠《たくみ》は問題を起こした部員には「大会が近いから集中しよう」、彼《かれ》らに不満を持つ部員に「思うことはあるやろうけどこらえてほしい」という言葉を繰《く》り返し、大森先生や迷惑《めいわく》をこうむった人に頭を下げた。

しかし、事態《じたい》は何も変わらなかった。

黒板では微分《びぶん》と積分の解法《かいほう》が説明されている。数学は公式さえ理解《りかい》しておけば問題が解《と》ける。現実《げんじつ》世界は解決《かいけつ》しないことばかりなのに。

匠《たくみ》は数週間前にあった出来事《できごと》を思い出した。

4月の中盤《ちゅうばん》、3年生にとって近畿《きんき》大学への内部進学に大きく関わる模試《もし》があった。大森先生は毎年、3年生のこの時期の練習参加を任意《にんい》としていたが、匠《たくみ》は全員に参加してほしいと思っていた。

しかし、休止期間に入る前日の夜、スマホにある部員からメッセージが届《とど》いた。

『模試《もし》の勉強で練習を休みます』

匠《たくみ》はため息をついた。

(模試《もし》の日程《にってい》なんて毎年同じなんやから、早めに準備《じゅんび》しとけばどうにでもなったやろ……)

『大事な時期やし、来てくれへん？』

数分後、返信が来た。

『お前が俺《おれ》の人生の責任《せきにん》とってくれんの？』

(お前の人生なんて知るか。自分でどうにかせえや)

珍《めずら》しく頭に血が上り、「大切にしたいことが全然伝わってへん」と泣けた。

授業《じゅぎょう》とホームルームを終え、重い足取りで体育館へ向かう。

模試《もし》が終わり、進路モードからバスケモードに切り替《か》わった部員たちは、活気にあふれていた。

(プレーに集中しとるし、ええ感じで予選に入れそうやな)

大森先生も同じように感じたのだろう。

「今日はええ練習やったな。まあミスはあったけど自分たちで何があかんかわかっとったし、修正《しゅうせい》もできとったし、ようやれとったわ」

珍《めずら》しく練習後に熱っぽく部員たちに語りかける言葉を、匠《たくみ》は先生の目の前で聞いていた。

ふと、先生の視線《しせん》が後方の部員たちに移動《いどう》した。そしてその瞳《ひとみ》から熱が消えた。

「もうええわ」

先生の冷たい声とともに、匠《たくみ》は振《ふ》り返った。

2人の3年生が、半笑いの表情《ひょうじょう》をひきつらせていた。

「明日からお前らの好きにせえ。俺《おれ》は知らん」

そう言い放つと、先生は即座《そくざ》に体育館を出て行った。こんなことは初めてだった。

部員たちが騒然《そうぜん》とする中、匠《たくみ》は2人の話を聞いた。

「お前ら、何してたん?」

「いや、こいつがちょっかい出してくるから……」

「お前が先に話しかけてきたんやろ」

(またか……)

匠《たくみ》は頭を抱《かか》えたくなるのをこらえて部員たちに言った。

「わかった。先生に謝《あやま》って来るから着替《きが》えて待ってて」

真吾《しんご》と渡《わた》り廊下《ろうか》の先にある職員室《しょくいんしつ》へ向かった。会話はなかった。

「失礼します」

扉《とびら》を開いた目の先にある大森先生の机《つくえ》に向かい、匠《たくみ》は頭を下げて言った。

「ふざけてすいませんでした。練習を見てください」

「もうええやろ。予選もお前らで好きにやればええやん。お前らは自分らがどれだけの人に支《ささ》えてもらってバスケができてるかわかってないねん」

「いえ、わかってるつもりです」

「なら、なんであいつらはああいう態度《たいど》になるんや？　お前だけがわかっとったってしゃあないやろ。キャプテンやのに何やっとんの？」

「…………」

「とにかく3年の主力があれやったらこのチームはもうあかんわ。俺《おれ》もやる気ないやつらにつき合うほど暇《ひま》やないねん。帰り」

職員室《しょくいんしつ》の前で待っていた真吾《しんご》と体育館へ戻《もど》ろうとすると、渡《わた》り廊下《ろうか》に3年生が集まっているのが見えた。

匠《たくみ》の視線《しせん》は、真っ先に問題を起こした張本人《ちょうほんにん》たちをとらえた。

2人は楽しそうに談笑《だんしょう》していた。

(……ふざけんな)

足と心が「もう一歩も動きたくない」と言ったような気がした。

(こいつらは何やねん)

しょうもない。あほらしい。だるい。

(ほんで、俺《おれ》は何やねん)

悔《くや》しい。情《なさ》けない。

さまざまな感情《かんじょう》が竜巻《たつまき》のようにせり上がり、喉《のど》を駆《か》け上がり、目からあふれ出した。それはとめどなく流れ、拭《ふ》いても拭《ふ》いても頬《ほお》を伝わり続けた。

先生は次の日から練習を見てくれたが、予選は初戦から危《あや》うい試合が続いた。

近高は上位4チームで戦う決勝リーグに進出したが、大阪学院と大阪桐蔭《とういん》に2敗を喫《きっ》し、2年ぶりのインターハイ出場はついえた。

まわりが求める自分

（もう、ダメなんかな）

自転車をこぎながら匠《たくみ》は思った。ふざけて後輩《こうはい》にケガをさせた部員に連れ添《そ》って八戸ノ里《やえのさと》の病院に行き、駆《か》けつけた親に謝罪《しゃざい》した帰り道だった。

インターハイを逃《のが》した後も、チームに大きな変化はなかった。細々《こまごま》したトラブルは絶《た》えず、Aチームと Bチームの間の距離感《きょりかん》も縮《ちぢ》まらなかった。

自分が何をすればチームが良くなるのか、もうわからなかった。トラブルを「そいつ自身の問題」と割《わ》り切るようになり、「自分」でなく「誰《だれ》か」にとっての正解《せいかい》かどうかで物事を判断《はんだん》するようになった。

自分だけは余計《よけい》な問題を起こさない。

自分だけはミスをしない。

まわりが正しいとする行動をとる。

まわりが自分に求めているプレーをする。

キャプテンとしての至《いた》らなさを打ち消す、「自分がこのチームに必要だ」と言える理由が欲《ほ》しかった。「何してる」でなく「ようやってる」と言われたかった。

最後の全国大会進出をかけた9月のウインターカップ予選、準《じゅん》決勝の大阪学院戦は試合序盤《じょばん》から一進一退《いっしんいったい》の大熱戦だった。しかし最終クォーター終盤《しゅうばん》、大阪学院のディフェンスにつかまって点差を離《はな》された。

匠《たくみ》はスタメンのポイントガードとして長くコートに立ち、終始無難《ぶなん》にプレーした。「確率《かくりつ》のスポーツ」とも言われるバスケットにおいて、こと司令塔《しれいとう》のポイントガードの選手にとって、成功確率《かくりつ》の高いプレーを選択《せんたく》する力は大切な要素《ようそ》だ。

自分の3ポイントシュートに当たりが来ないと判断《はんだん》すると、終盤《しゅうばん》はシュート力のある哉太《かなた》や他の選手へのアシストに徹《てっ》した。

ここで流れを変えなければもう追いつけないという時間帯になっても、ファールと紙一重のディフェンスでボールを奪《うば》おうとは考えず、淡々《たんたん》と守り続けた。

匠《たくみ》がこの試合で下した数々《かずかず》の選択《せんたく》はいずれも間違《まちが》いはなかったし、致命的《ちめいてき》なミス

ウインターカップ予選
大阪高等学校バスケットボール選手権《せんしゅけん》大会。9月から10月にかけて行われる。

は一度もなかった。しかし、いかにも優等生《ゆうとうせい》らしいそれらの答えに、確率《かくりつ》やセオリーを飛び越《こ》えた奇跡《きせき》を起こす力はなかった。

試合終了《しゅうりょう》のブザーが鳴った。

63－75。

（終わってもうた……）

匠《たくみ》は目元を手のひらで覆《おお》い、上を向いてこぼれようとする涙《なみだ》をとどめた。相手チームの監督《かんとく》と応援席《おうえんせき》へのあいさつを終えると、一人でしゃがみこんで泣いた。

目標としていた全国に手が届《とど》かなかったこと。

自分の全力を試合にぶつけられなかったこと。

いろんな無力さがごちゃまぜになってあふれ出た涙《なみだ》だった。

翌日《よくじつ》の3位決定戦で大勝を収《おさ》め、近高バスケ部の3年生は引退《いんたい》した。

打ち上げ会場の焼肉屋でそれぞれが笑って思い出話に花を咲《さ》かせる中、匠《たくみ》は終始壁際《かべぎわ》の隅《すみ》っこにはりついてそのやりとりを静かに見守っていた。

この代は明るくて負けん気の強いメンバーが多く、流れに乗った時の勢《いきお》いは目を見はるものがあった。ただ、匠《たくみ》が掲《かか》げた理想を一緒《いっしょ》に追いかけようとしてくれる部員はあまり多くなかった。

(同じ熱量で、同じ方向を見てくれるやつらとバスケしたかったな)

それが、率直《そっちょく》な気持ちだった。

気づきたくなかったこと

同期たちが部を引退《いんたい》した後も、匠《たくみ》は1人後輩《こうはい》たちに混《ま》ざって練習に参加していた。10月に長崎県で行われる国体に出場するためだ。

大阪選抜《せんばつ》のメンバーは、ウインターカップ予選を制《せい》した大阪学院と準優勝《じゅんゆうしょう》の大阪桐蔭《とういん》が主体で、匠《たくみ》と、匠《たくみ》の中学時代からのライバルで大阪市立桜宮《さくらのみや》高校に進学した森田雄次《もりたゆうじ》だけが2校以外から選ばれていた。

匠《たくみ》は大学受験の準備《じゅんび》で練習にはあまり参加できず、主力でプレーするのは難《むずか》しいとわかっていた。ただ、高校最後の全国大会で自分の力がどれくらい通用するのかを試すのが楽しみだった。

初戦の鳥取に快勝《かいしょう》した大阪の、次の相手は福岡に決まった。

夏のインターハイで優勝《ゆうしょう》した福岡大学附属《ふぞく》大濠《おおほり》高校と、その最大のライバルで毎年全国上位に食い込《こ》む福岡第一高校で構成《こうせい》された福岡は、今大会屈指《くっし》の優勝候補《ゆうしょうこうほ》。

国体
国民スポーツ大会。もとの名称《めいしょう》は、国民体育大会。各都道府県の選抜《せんばつ》メンバーでそれぞれチームを作り、優勝《ゆうしょう》を争う。

大阪市立桜宮《さくらのみや》高校
2022年4月に大阪府立桜宮《さくらのみや》高等学校となった。

ほとんどの人が序盤《じょばん》から大差がつくと予想する中、大阪は第１クォーターからリードを奪《うば》い、その後もつかず離《はな》れずの接戦《せっせん》が続いた。

激戦《げきせん》の様子をベンチで見守りながら、匠《たくみ》は思った。

（出番、ないかもしれん）

中学時代から顔なじみのメンバーたちは、優勝候補《ゆうしょうこうほ》を相手に素晴《すば》らしいプレーを繰《く》り広げていた。大阪の大会から１つも２つもギアが上がっていた。

（俺《おれ》、１年の時から全然成長してなかったんや）

気づきたくなかった事実に直面しながらも、匠《たくみ》は「どこかでチャンスがある」と自分に言い聞かせ、励《はげ》ましやアドバイスの声をかけたり、ベンチに戻《もど》ってきた選手の首を氷で冷やしたりした。

（出番の少ないやつらにどんだけ「出られんくてもチームのためにやれることをやってくれ」って言うてきた？　同じことをやらんと自分を嫌《きら》いになってまう）

42－46でハーフタイムを折り返し、試合に出ていないのは匠《たくみ》と雄次《ゆうじ》だけになった。

この競《せ》った展開《てんかい》で、前半１秒も出ていない選手をコートに送り出すのがどれだけ難《むずか》しいかはよくわかっていた。同じ状況《じょうきょう》の雄次《ゆうじ》が隣《となり》にいることだけが救《すく》いだった。

第3クォーターの膠着《こうちゃく》した展開《てんかい》になった時、コーチが匠《たくみ》のいるベンチに目をやった。

胸《むね》が大きく高鳴った瞬間《しゅんかん》、コーチは「雄次《ゆうじ》!」と叫《さけ》んだ。


大阪は第4クォーター残り2分で福岡に逆転《ぎゃくてん》を許《ゆる》し、6点差で敗れた。

予想外の大健闘《けんとう》に会場が沸《わ》いた。コーチもメンバーも悔《くや》しさをにじませながらもどこか清々《すがすが》しい雰囲気《ふんいき》を漂《ただよ》わせ、応援席《おうえんせき》にいる父兄《ふけい》へあいさつに向かった。

匠《たくみ》だけが、ドロドロした気持ちでそこにいた。

最後まで、たった1人だけ、コートに立てなかった。「何も気にしてません」という顔をしながら、大嫌《だいきら》いな言い訳《わけ》を考えたり、どうせなら雄次《ゆうじ》も出ないでくれたらよかったのに、と思ったりしていた。

(みんな、こんな気持ちやったんか)

試合に出られなかった近高のチームメートたちの顔が思い浮《う》かぶ。

（みんな、試合に出たいって思ってバスケ部に入って、いろんなことに悩《なや》んどったはずやのに、何で俺《おれ》は、そういうことに気づかんと薄《うす》っぺらいことばっか言っとったんや。チームの一体感が欲《ほ》しかったんやったら、おんなじ方向を見てくれるやつらとバスケしたかった、とか思う前にやれることがあったやろ）

この場から消えてしまいたくなるような自己嫌悪《じこけんお》にさいなまれながら、匠《たくみ》はなんとか顔を上げて真正面の応援席《おうえんせき》を見た。

総出《そうで》で応援《おうえん》に駆《か》けつけた家族の姿《すがた》を、すぐに見つけた。

父は明らかにがっかりした顔をしていた。

（俺《おれ》は試合に出ないと価値《かち》がないんか――）

ひび割《わ》れきったプライドが、音を立てて崩《くず》れた。

STORY. 3

同期とライバルの視点《してん》　高校編《へん》2

近《きん》畿《き》大学附《ふ》属《ぞく》高等学校
大阪府東大阪市

大阪市立桜《さくらの》宮《みや》高等学校
大阪府大阪市

バスケットボール部

中野真吾 | Nakano Shingo
匠《たくみ》の同期。匠《たくみ》を支《ささ》える。副キャプテン。

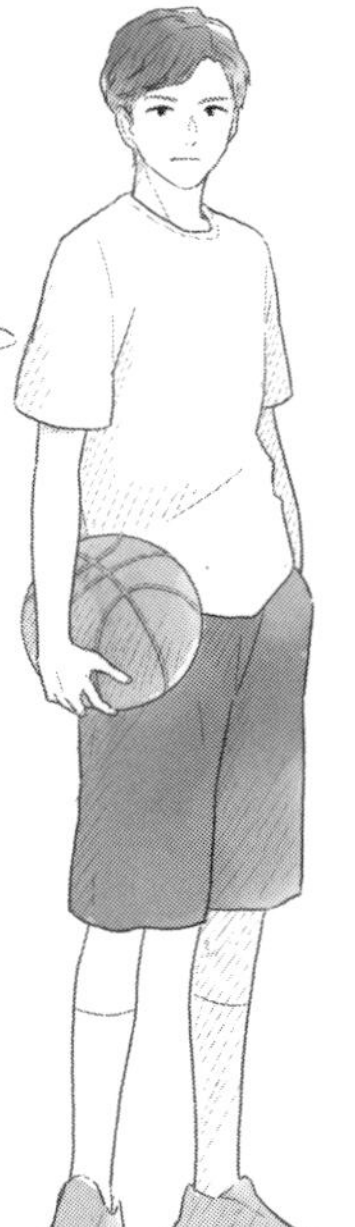

嶋津友稀 | Shimazu Tomoki
匠《たくみ》の後《こう》輩《はい》。匠《たくみ》を尊《そん》敬《けい》している。ポイントガード。

森田雄次 | Morita Yuji
匠《たくみ》のライバル。西《せい》陵《りょう》 中出身。桜《さくら》 宮《のみや》高校のポイントガード。

同期、中野真吾《なかのしんご》・Ⅰ

「東大阪市立上小阪中の原匠《はらたくみ》です。よろしくお願いします」

俺《おれ》は弾《はじ》かれたように自己紹介《じこしょうかい》した主を凝視《ぎょうし》した。

（こんなやつが府選のキャプテンやったんか……）

大阪府選抜《せんばつ》に入った友だちから匠《たくみ》のことは聞いていた。数週間前に終わった府大会で無名チームをベスト4に導《みちび》いたことも、もちろん知っていた。ただ、それが目の前にいる子どもみたいに小さくて細くて、いかにも「勉強ばっかりやってます」という見た目のやつだとは、にわかに信じがたかった。

夏休みも終わりに近づいたこの日、近畿《きんき》大学附属《ふぞく》高校の体育館では中学3年生向けの練習会が行われていた。俺《おれ》はOBの兄貴《あにき》の影響《えいきょう》で早いタイミングから近高《きんこう》を志望《しぼう》していて、この練習会にも兄貴《あにき》のツテで参加していた。

ウォーミングアップを終え、高校生と中学生が混《ま》じって紅白《こうはく》戦を行うことになっ

OB
その学校の卒業生。

ウォーミングアップ
体をならすために行う準備《じゅんび》運動。

た時、俺《おれ》は匠《たくみ》の変化に気づいた。それまではごくふつうの目立たない中学生に見えた匠《たくみ》は、試合になると目の色がスッと変わり、初めて会った高校生たちに堂々《どうどう》と指《し》示《じ》を出しながら、中学生とは思えない落ち着いたプレーを見せた。

続いて行われた、中学生対高校生の試合で同じチームになるとさらに圧倒《あっとう》された。

匠《たくみ》は俺《おれ》たちを集め、高くてよく通る声で話し始めた。

「速攻《そっこう》で攻《せ》めていきたいから、ディフェンスからオフェンスの切り替《か》えをとにかく早くしていこう。前走ってくれたらパス出すから。ほんで……」

匠《たくみ》はじっと俺《おれ》に目を向けた。

「中野《なかの》くんやったっけ。リバウンド取ったら近くにボールをもらいに行くから俺《おれ》につないで。出せそうやったらそのまま前にパス出してもうていいで」

(初対面のメンバーにこんなことを言えるなんて、こいつは間違《まちが》いなく本物や)

そう納得《なっとく》させられると同時に、「なんで初対面やのにそんなことを言われなあかんねん」と反発心も生まれた。

中学最後の大会は大阪ベスト32で終わった。選抜《せんばつ》チームとも無縁《むえん》だった。

リバウンド
シュートが外れて、リングやボードに当たってはね返ったボール。また、そのボールを取ること。

高校ではそれなりに楽しく、それなりに真面目《まじめ》にやれたらいいくらいしか考えていなかった俺《おれ》にとって、匠《たくみ》の振《ふ》る舞《ま》いは気持ちの良いものではなかった。

(俺《おれ》、こんなやつと一緒《いっしょ》に3年間やれるんやろか……)

入学後、俺《おれ》は匠《たくみ》とすぐに仲良くなった。

春休みから練習に参加していた匠《たくみ》や俺《おれ》たち約10名の部員、通称《つうしょう》「春組」はことあるごとにつるみ、土日がオフになると決まって繁華街《はんかがい》のなんばで遊んだ。

とっつきにくいガリ勉だと思っていた匠《たくみ》は、カッコつけているけど実は鈍《どん》くさいやつだとわかった。ノリのいい先輩《せんぱい》や同期たちからはいじられキャラとしてかわいがられ、遊ぶことに関してはむしろノリがよかった。

春組はクセの強いメンバーがそろっていた。俺《おれ》自身も頑固《がんこ》で、言い合いになっても自分の意見を収《おさ》めたくないタイプだった。春組の中で唯一《ゆいいつ》といっていいくらい尖《とが》ったところがない匠《たくみ》は、素《す》の自分でいられる、一緒《いっしょ》にいて気が楽な存在《そんざい》だった。月曜のオフは必ず一緒《いっしょ》に帰るようになり、匠《たくみ》の家まで続く1本道を自転車で競走した

オフ
休みのこと。

り、弁当《べんとう》屋の1本80円の焼き鳥と激安《げきやす》自販機《じはんき》の缶《かん》ジュースを片手《かたて》に、気になっている女の子のことを話し込《こ》んだりした。

何より、1年の5月という異例《いれい》の早さでスタメンに抜擢《ばってき》された匠《たくみ》のバスケの実力、そしてバスケに取り組む姿勢《しせい》は、慣《な》れていくととても心地《ここち》いいものだった。試合では冷静かつ堅実《けんじつ》なゲームメイクで先輩《せんぱい》たちの得点《とくてん》機会を生み出し、ドンピシャのディフェンスで相手の攻撃《こうげき》の芽を摘《つ》む。練習中も一切《いっさい》手を抜《ぬ》かず、自主参加の朝練にもテスト期間以外は必ず参加していた。

俺《おれ》たち同期は匠《たくみ》がスタメンを勝ち取るのは当然だと思っていたが、上級生からは「なんで匠《たくみ》が試合に出るんや」「1年が試合に出ても役に立たんやろ」という声も挙がっていた。

そんな声が届《とど》いていたかはわからないが、匠《たくみ》は次第《しだい》に「自分は1年からスタメンを任《まか》されている」というようなオーラをまとうようになった。

ただ、それは「俺《おれ》はすごい」とアピールする〝刃《やいば》〟というよりも、「だからがんばらなきゃいけないんだ」と自分を奮《ふる》い立たせる〝鎧《よろい》〟のようなものだったと思う。

スタメン
試合に、最初から出る選手。スターティングメンバー。

匠《たくみ》はいつだって誰《だれ》かのことを悪く言ったり、蹴落《けお》とそうとしたりしないからだ。

9月のウインターカップ予選決勝。近高は優勝候補《ゆうしょうこうほ》だった大阪市立桜宮《さくらのみや》高校に第4クォーター頭まで20点差で負けていたが、後半に匠《たくみ》の3ポイントシュートが爆《ばく》発《はつ》し、延長《えんちょう》戦の末に劇的《げきてき》な逆転《ぎゃくてん》勝利を果たした。

匠《たくみ》はプレー中にほとんど感情《かんじょう》を出さないが、この試合ばかりはシュートを決めるごとに気分が高まっているように見えた。

(こいつについていけば、もしかしたら俺《おれ》も高い場所に行けるかもしれん)

ベンチ裏《うら》の応援《おうえん》席《せき》で優勝《ゆうしょう》の瞬間《しゅんかん》を見届《みとど》けた俺《おれ》は、先輩《せんぱい》たちに囲《かこ》まれて頭しか見えない小さな同期に、自分の夢《ゆめ》を重ねていた。

ウインターカップ予選
大阪高等学校バスケットボール選手権《せんしゅけん》大会。9月から10月にかけて行われる。

ライバル、森田雄次《もりたゆうじ》

市や地区で「うまい」ともてはやされている中学生は、たいがい「自分が世界で一番偉《えら》い」とか「先生の言うことなんて聞くか」とか思っている。そして俺《おれ》も、間違《まちが》いなくその1人だった。

大阪のタメに、俺《おれ》以上のガードなんていない。

そう信じて疑《うたが》わなかった中学2年生の俺《おれ》は、自分よりもチビで、これまで一度も見たことがない選手に度肝《どぎも》を抜《ぬ》かれた。

大阪府選抜《せんばつ》の2次選考会。1対1の練習メニューでペアを組んだそいつの動きは、なんというか、不思議だった。

ドリブルの切り返しでディフェンスを抜《ぬ》こうとする時、たいていの選手はぐっとブレーキをかけたあとにぐっと加速して方向転換《てんかん》する。でも、そいつは減速《げんそく》せずにするするとディフェンスの俺《おれ》をかわしていく。

タメ
同じ学年。

ガード
ポイントガード。バスケットボールのポジションの1つ。メンバーに指示《しじ》を出し、チームの中心となってゲームを組み立てる。

（切り返しながら進んでる？　いや、足と一緒《いっしょ》にボールがくっついてきてる？　何なん、こいつのドリブル）

「おう、どっちが大阪ナンバーワンガードや？」

コートの外から大声で煽《あお》ってくるコーチに、心のなかで舌打《したう》ちした。

（それどころやない。黙《だま》っとけ）


そいつが東大阪にある上小阪中の原という選手だと知ったのは、数か月後、選考会を通過《つうか》したメンバーの顔合わせの日だった。

府選抜《せんばつ》のメンバーのうち半分は問題児で、半分は優等生《ゆうとうせい》。俺《おれ》は前者、匠《たくみ》は後者の代表だった。

匠《たくみ》はめっちゃ優《やさ》しくて、めっちゃ気がよくて、めっちゃいい笑顔《えがお》の持ち主だった。俺《おれ》やその他の問題児たちがふざけると、ひとしきり笑ってくれた後に「そろそろやるで」とやんわり軌道修正《きどうしゅうせい》してくれる。そういう切り替《か》えの早さとバランス感覚がバスケにも生かされていたのか、匠《たくみ》と2人でコートに立つといつも以上に気持ちよくプレーできた。

府選抜《せんばつ》の解散《かいさん》後、匠《たくみ》と再会《さいかい》したのは中3の7月に行われた府大会だった。去年、スタメン5人中4人が2年生で大阪ベスト4に入ったうちのチームは、ベスト32からのスーパーシードを確保《かくほ》していた。

（弱いチームばっか。余裕《よゆう》やろ）

大会に入る前に組み合わせを見てそう思った。1つ勝ったら上小阪中と当たりそうだと気づいた時も、どうせ匠《たくみ》だけだとしか思わなかった。

でも、負けた。

試合のことは覚えていない。

匠《たくみ》に10本くらい3ポイントを決められて、負けた。本当にそれくらいしか記憶《きおく》がない。自分がどんなプレーをして何点とったかも覚えていない。

ただ、その数日後、千島《ちしま》の体育館の観客席で決勝リーグを戦う匠《たくみ》を見ているうちに、人生最大の悔《くや》しさが湧《わ》き上がってきたことははっきりと覚えている。

(今度こそ絶対《ぜったい》にボッコボコに負かしたる)
桜宮《さくらのみや》高校に進んだ俺《おれ》は、匠《たくみ》のことを猛烈《もうれつ》に意識《いしき》しながら練習に励《はげ》んでいた。

匠《たくみ》は入学早々《そうそう》から近高のスタメンになり、インターハイ予選で準優勝《じゅんゆうしょう》し、あっという間に大阪バスケ界の有名人になった。

俺《おれ》も控《ひか》えガードとして試合に出てはいたが、活躍《かつやく》ぶりは匠《たくみ》と比《くら》べるまでもなかった。6月の近畿《きんき》大会をチーム全員で見に行くことになった時は、なんでわざわざ匠《たくみ》が活躍《かつやく》するところを見に行かなあかんねん、とふてくされた。

リベンジのチャンスは案外早く訪《おとず》れた。1年のウインターカップ予選で、桜宮《さくらのみや》は近高と決勝を戦うことになった。

2位まで出られたインターハイと違《ちが》い、ウインターカップは優勝《ゆうしょう》チームしか行けない。勝負の年だったうちのチームのメンバーは「何が何でもウインターカップに出たる」と燃《も》えていた。

試合は桜宮《さくらのみや》のオフェンスから始まった。

俺《おれ》がドリブルを始めると、すぐに匠《たくみ》が守りに来た。俺《おれ》の得意《とくい》なドライブを警戒《けいかい》し

インターハイ予選 大阪高等学校総合《そうごう》体育大会。

近畿《きんき》大会 近畿《きんき》高等学校バスケットボール大会。

インターハイ 全国高等学校総合《そうごう》体育大会。毎年7月から8月に開催《かいさい》される、スポーツの祭典。高校総体《そうたい》とも。

ウインターカップ 全国高等学校バスケットボール選手権《せんしゅけん》大会。年末に行われ、高校生活のしめくくりとなる大会。

た、つかず離《はな》れずの絶妙《ぜつみょう》に嫌《いや》な間合いだ。

攻守《こうしゅ》が交代した。今度は匠《たくみ》がボールを運び、俺《おれ》がそれを守る。

試合前、匠《たくみ》の守り方の指示《しじ》は特に出ていなかったが、3ポイントシュートにプレッシャーをかけるためにかなり近い間合いで守った。

匠《たくみ》は絶対《ぜったい》に3ポイントを打ってくる。そして1本入ったらアホみたいに入る。この体育館にいる人の中で誰《だれ》よりも匠《たくみ》の怖《こわ》さを知っているのは、間違《まちが》いなく俺《おれ》だ。

緊張《きんちょう》からかお互《たが》いまったくシュートの入らない展開《てんかい》が続いたが、俺《おれ》の3ポイントで先制《せんせい》すると、桜宮《さくらのみや》は一気に流れに乗った。

第1クォーター終盤《しゅうばん》、匠《たくみ》がちょっとしたスキを突《つ》いて3ポイントを決めてきた。直後のオフェンスで俺《おれ》も決め返した。

試合に勝ちたい。ウインターカップに出たい。

何より、匠《たくみ》に勝ちたい。

試合はずっと桜宮《さくらのみや》ペースだった。第4クォーター開始2分で20点差がつき、近高がタイムアウトを取った時、誰《だれ》もが「これは勝った」と思った。

でも、違《ちが》った。

試合をひっくり返したのは匠《たくみ》だった。

タイムアウト明けの1発目のオフェンスで、匠《たくみ》はマークしていた先輩《せんぱい》が少し間合いを空けた瞬間《しゅんかん》に3ポイントを打ち、それを成功させた。

(なんでそれを打たせせんねん!)

ベンチで拳《こぶし》を握《にぎ》り、「早く俺《おれ》をコートに戻《もど》してくれ」とコーチに目で訴《うった》えることしかできなかった。

近高は直後のディフェンスでも桜宮《さくらのみや》のミスを誘《さそ》い、立て続けに得点《とくてん》を重ねた。

コーチはタイムアウトを取って俺《おれ》をコートに戻《もど》したが、ギアを上げた匠《たくみ》と70人超《ちょう》の応援団《おうえんだん》が盛《も》り上がり始めた近高の勢《いきお》いは止まらない。「絶対《ぜったい》に勝たなきゃいけない」というプレッシャーに飲み込《こ》まれた俺《おれ》たちは、点差的に余裕《よゆう》なのにもかかわらずありえないようなミスを連発した。

そして、俺《おれ》も決定的なミスを犯《おか》した。

近高が3連続でシュートを決め、匠《たくみ》が5本目の3ポイントシュートを沈《しず》めて10点差に詰《つ》め寄《よ》った直後のオフェンス。ドリブルでボールを運ぼうとすると、匠《たくみ》が体を寄《よ》せてそれを奪《うば》いに来た。俺《おれ》は反対の手を出して匠《たくみ》の動きを軽く牽制《けんせい》した。

本当に軽く触《さわ》っただけのはずだった。

なのに匠《たくみ》は派手《はで》に後ろに倒《たお》れ、審判《しんぱん》は俺《おれ》にオフェンスファールを宣告《せんこく》した。

近高応援団《おうえんだん》の盛《も》り上がりは最高潮《さいこうちょう》に達した。

延長《えんちょう》戦の末、桜宮《さくらのみや》は2点差で近高に負けた。

俺《おれ》はまた匠《たくみ》に勝てなかった。

オフェンスファール
攻《せ》めている側の選手のファール。

後輩《こうはい》、嶋津友稀《しまづとも き》・1

（この人、やっぱすごいんや）

高々《たかだか》とウイニングボールを放り投げた14番の選手を見ながら、そう思った。

その人は、中2の府大会で生まれて初めて「負けた」と思わされた選手だった。誰《だれ》にも止められない自信があったドリブルを完璧《かんぺき》に守られ、ハーフコートまでろくにボールを運べなかった。1つひとつのプレーが中学生とは思えないほど落ち着いていて、怖《こわ》いとすら感じた。

全国レベルの強豪《きょうごう》で1年生がスタメンを勝ち取るのが簡単《かんたん》じゃないのは、誰《だれ》にだってわかる。でも、この人はそれをやってのけた上に、ポイントガードとして上級生をコントロールし、自分でも何本もシュートを決めた。

体は小さいが、ちょっと前まで中学生だった選手とは思えないような強烈《きょうれつ》な存在《そんざい》感《かん》は、体育館の3階席にまで伝わってきた。

ハーフコート
自分のいる位置からみて、中央のハーフラインより向こう側のコート。

他の強豪《きょうごう》に比《くら》べて練習が楽そうで、髪型《かみがた》が自由。

そしてこの日、近高に行きたい理由がもう一つ増《ふ》えた。

(この人——原匠《はらたくみ》を倒《たお》して、俺《おれ》がスタメンになったる)


俺《おれ》は入部当初から一方的に匠《たくみ》くんを意識《いしき》した。

2人組で行う練習メニューで必ず相手をさせてもらい、試合の時は応援《おうえん》をしながらプレーを研究した。

試合の状況《じょうきょう》を的確《てきかく》に把握《はあく》して、他の4人を気持ちよく攻《せ》めさせて、ここぞという場面では自分で点を取りに行く。匠《たくみ》くんは俺《おれ》が持っていないセンスを持ったガードで、チームでも2年生にして「絶対的《ぜったいてき》」と言っていいくらいの存在《そんざい》だった。

(なんでこの人はいつもこんなに落ち着いてんのやろ)

スピードはあるけどミスが多い自分のプレーと比《くら》べて、落ち込《こ》んでばかりだった。

匠《たくみ》くんは人間的にも素晴《すば》らしい人だった。練習中も試合中も「しんどい」とか「だるい」みたいな素振《そぶ》りをまったく見せず、後輩《こうはい》がミスをした時は嫌《いや》な顔ひとつせず「大丈夫《だいじょうぶ》や」と励《はげ》ましてくれた。大人っぽくて、他の先輩《せんぱい》たちみたいにふざけて先生に怒《おこ》られることもなかった。

練習後に1対1の勝負をする時間は、特に楽しかった。10本先取の勝負が終わったあと、ジュースを飲みながら「外のシュートが入るようなったら止めれんわ」とか「ディフェンスで足より手が先に出るのは直したいな」とか、何かしらアドバイスをもらえるのがうれしかった。

(この人を倒《たお》したる)

桜宮《さくらのみや》戦の時に抱《いだ》いた思いに変わりはなかったけど、バスケでも人間としても何1つかなわないと思い知らされてからは、尊敬《そんけい》の念のほうが大きかった。

9月のウインターカップ予選で3年生が引退《いんたい》すると、キャプテン匠《たくみ》くん、副キャプテン真吾《しんご》くんという新しいチームが始まった。

匠《たくみ》くんはキャプテンとしても完璧《かんぺき》だった。練習態度《たいど》や私生活《しせいかつ》がだらしない先輩《せんぱい》に何か言われても「あんたには言われたない」としか思わなかったが、匠《たくみ》くんに言わ

10本先取
相手より先に、シュートを10本決めること。

れた時だけは「匠《たくみ》くんが言うなら仕方がない」と納得《なっとく》できた。俺《おれ》らの代で匠《たくみ》くんと同じことができるやつがおるんやろうか、と不安になるくらいだった。

ポイントガードとしても、相変わらず偉大《いだい》だった。

どんな状況《じょうきょう》でも「どうにかしてくれる」と思わせてくれる絶対的《ぜったいてき》な司令塔《しれいとう》を見ながら、ほとんど試合に出られない3番手の俺《おれ》はいつも悩《なや》んでいた。

(近高で求められとるんは匠《たくみ》くんみたいに堅実《けんじつ》で安定したガードやけど、匠《たくみ》くんの背中《せなか》を追いかけてるだけやったら、たぶん一生勝てへん。それに俺《おれ》は、俺《おれ》自身のプレーで認《みと》められたい。どうしたらええんやろう)

同期、中野真吾《なかのしんご》・2

自分たちの代が始まり、匠《たくみ》に疑問《ぎもん》を持つことが増《ふ》えた。

近高のキャプテンと副キャプテンは、大会の登録メンバー15名のうち5人を自分たちで選ぶ権限《けんげん》を持っている。新人戦のエントリーが締《しめ》切られる週のオフ、俺《おれ》たちは学校近くのファミレスでメンバーを決める会議をした。

「俺《おれ》はこいつらがええと思う」

匠《たくみ》が提案《ていあん》したのは、学校生活や練習態度《たいど》に重きを置いたメンバー。匠《たくみ》らしいなと思った一方で、こいつ、意外とメンバーのことを見とらんな、と感じた。

「練習中に声を出したり、盛《も》り上げてくれとるし、俺《おれ》はこいつのほうがええと思うで。こいつもちょっとちゃらんぽらんやけど、Bチームの練習でめっちゃ声出しとるらしい。チームに貢献《こうけん》してくれるやつを入れるべきや」

そう反論《はんろん》すると匠《たくみ》はすぐに「ええよ」と言った。

あまりに即答《そくとう》だったので思わず聞き返した。

「ホンマに？」

「うん。真吾《しんご》がええって言うんやったら」

匠《たくみ》は表情《ひょうじょう》を変えることなくそっけなく言った。

メンバーが発表されると、メンバーから漏《も》れた部員たちからすぐに「なんであいつがメンバーやねん」と詰《つ》め寄《よ》られ、大会が終わるとさらに不満が噴出《ふんしゅつ》した。

「あんなやつ、もう出すなよ」

「あいつなんかをベンチに入れるから負けるんや」

「あいつを選ぶんやったら俺《おれ》を選んでや」

思わず「匠《たくみ》にも言うてくれや」と言い返すと、「あいつには言いづらい」という言葉が返ってきた。確《たし》かにBチームのメンバーや後輩《こうはい》の大半は、バスケでも学校生活でも非《ひ》の打ちどころのない匠《たくみ》にどこか遠慮《えんりょ》していた。

リーダーには大まかに2つのタイプがある。気持ちを言葉にして伝えるタイプと、背中《せなか》で見せるタイプ。匠《たくみ》は明らかに後者で、練習中に雰囲気《ふんいき》の悪さを指摘《してき》したり、士気《しき》を上げるような声掛《こえか》けをすることはなく、思ったことを言わずにはいられない俺《おれ》があだこうだと言う姿《すがた》をじっと見ていることが多かった。

「ちょっと集まって」

大森先生が不在《ふざい》だったある日、練習の雰囲気《ふんいき》の悪さを見かねて、匠《たくみ》が部員を集合させた。

(こいつがこういうことをするの、珍《めずら》しいな)

そう思っていたら、匠《たくみ》は「お前が言え」ととばかりにこっちを見た。

(無茶ぶりすぎやろ)

頭を必死にフル回転させて、言葉をひねり出した。

「……あー、しょうもないミスが続くんは集中力の問題やっていつも言われてるやろ。ふだんからの行動がこういうところに表れるから、授業《じゅぎょう》も集中せなあかんねん」

部員たちは揃《そろ》って「は?」という顔をした。

「お前こそ授業中《じゅぎょうちゅう》寝《ね》とるくせに何言うとんねん」

「匠《たくみ》が言うならわかるけどお前が言うのはちゃうやろ」

サンドバッグ状態《じょうたい》になったところで、匠《たくみ》が淡々《たんたん》と言った。

「まあ、大会も近いからちゃんとやろや。ほな、続けよ」

(何やねん、その適当《てきとう》な言葉)

腹《はら》が立ったので言った。

「もうお前が言うてや。いつもこうや」

「いや、真吾《しんご》が言ったほうがええと思って……」

真面目《まじめ》で、誰《だれ》にでも優《やさ》しくて、争いごとが好きでなく、感情《かんじょう》の起伏《きふく》が穏《おだ》やか。匠《たくみ》のいいところがキャプテンとしていい方向に生きていない、という気持ちは日に日に大きくなっていった。

とは言え、匠《たくみ》は匠《たくみ》で大変なのはよくわかっていた。

部員がトラブルを起こすたびに、それに何ひとつ関わっていない匠《たくみ》がキャプテンとして職員室《しょくいんしつ》に行き、大森先生に謝《あやま》った。毎回なんともないような感じで体育館に戻《もど》ってきたが、当然厳《きび》しいことをたくさん言われていたはずだ。

(たまには文句《もんく》を言うたり、怒《おこ》ってもええのに)

サンドバッグ状態《じょうたい》 一方的に責《せ》められる状態《じょうたい》。

いつもそう思っていたが、匠《たくみ》は決してそれを選ばない。いじったり何かを言ったりしても返答がワンテンポ遅《おく》れる、くらいのささいなことくらいでしか、匠《たくみ》の怒《いか》りは感じ取れなかった。

オフの帰り道の話題も、気づけばチームのことばかりになった。

「あいつ、何なんやろな」

匠《たくみ》はトラブルメーカーの同期の名前を挙げて言った。

（こいつはとことんええやつやな。散々迷惑《さんざんめいわく》をかけられているのに、「アホか」とか「ふざけんな」とか絶対《ぜったい》言わん）

でも、いいやつだからこそもどかしい。困《こま》ったやつらを何とかできるのは、どう考えてもキャプテンかつ絶対的《ぜったいてき》な存在《そんざい》の匠《たくみ》しかいないからだ。

「なあ。何なんやろな……」

相槌《あいづち》だけで、無言で自転車のペダルを踏《ふ》み込《こ》む。

（お前がビシッと言えば、あいつらやって変わるんちゃうか）

言いたい。でも言えない。結局、俺《おれ》も匠《たくみ》と同じだ。

後輩《こうはい》、嶋津友稀《しまづともき》・2

匠《たくみ》くんを追いかけるか。匠《たくみ》くんと違《ちが》う道に行くか。

悩《なや》みに悩《なや》んだ末に、俺《おれ》は悩《なや》むのをやめた。

(匠《たくみ》くんをマネしようとしても絶対《ぜったい》に無理や。匠《たくみ》くんがなれないような、俺《おれ》しかできないプレーを追求したる)

新しい決意を抱《かか》え、4時半起きで朝練に参加し、細くても当たり負けしない体を作るためのトレーニングに毎日欠かさず取り組んだ。

すると不思議なことが起きた。

匠《たくみ》くんが今までと違《ちが》って見えるようになったのだ。

中2の時に対戦した時も、中3の時に見た時も、匠《たくみ》くんは何も恐《おそ》れず自由にプレーしていた。だけど今は、キャプテンとして「チームを勝たせないといけない」という思いを背負《しょ》い込《こ》んでいるからなのか、無意識《むいしき》にブレーキを踏《ふ》み込《こ》んでいるような、どこか思い切りに欠けたプレーをするようになっている。

たとえるなら平均《へいきん》80点のプレー。

40点に下がることもないけど、120点にもならないプレー。

それは、3年生にとって最後のウインターカップ出場をかけた大阪学院戦でも変わらなかったように思う。

試合に負けた後、匠《たくみ》くんはうつむいてひとりで静かに泣いていた。

「誰《だれ》にも負けない」と思っていた先輩《せんぱい》が、力を発揮《はっき》できないまま負けてしまったという事実にやたらショックを受けている自分がいる一方、この人も人間だったんだ、とどこか冷静な自分もいた。

ずっと、完璧《かんぺき》な人だと思っていた。悩《なや》みなんて何もないと思っていた。

(違《ちが》ったんやな)

匠《たくみ》くんがチームでなく自分のことを一番大事にしていたら。

他の3年生がもっと匠《たくみ》くんの荷物を背負《せお》ってくれたら。

俺《おれ》が自分のプレーを確立《かくりつ》させて、一緒《いっしょ》にコートに立ったり、流れを変えられるバックアッププレーヤーになれていたら。

匠《たくみ》くんの側《そば》に行き、いつも以上に低い場所にある頭をそっとなでる。

コート内でもコートの外でも匠《たくみ》くんを助けられなかった俺《おれ》にできることは、それくらいしかなかった。

同期、中野真吾《なかのしんご》・3

対戦する前から、大阪のトップエリートたちが揃《そろ》った大阪学院に勝てるイメージはあまりなかった。決勝を制《せい》したあと、大阪学院の先生が「近高戦が事実上の決勝戦だった」と言ってくれたようだが、うちはやれることをやって、それでも至《いた》らなくて、負けた。そう思う。

代替《だいが》わりして以来、チームは常《つね》に問題を抱《かか》えていた。特に、問題児揃《ぞろ》いのAチームに対するBチームのメンバーの不信感は拭《ぬぐ》うことができなかった。

高1のウインターカップ予選決勝、桜宮《さくらのみや》に20点差を大逆転《だいぎゃくてん》した時のような一体感、あと一歩を登り切るために必要なチーム力は残念ながらなかった。

匠《たくみ》が1年生の時に作った鎧《よろい》は、その後も部員たちを遠ざけた。

2人でいる時はそれを外してリラックスしているように感じたし、チーム作りのことから恋愛《れんあい》のことまでたくさん話してくれたが、それでも匠《たくみ》が悩《なや》みを話したり弱音を吐《は》いたりしたことはたぶん一度もない。キャプテンになって以降《いこう》は「自分がしっかりせな」という意識《いしき》が強まり、悩《なや》んでいる様子がわずかながら感じ取れたが、「なんともない」というようなクールな振《ふ》る舞《ま》いを崩《くず》さなかった。

部活以外のところではすぐにはがせた匠《たくみ》のポーカーフェイスの仮面《かめん》は、バスケでは最後まではがすことができなかった。匠《たくみ》のプライドの高さ、責任感《せきにんかん》の強さは、間《ま》違《ちが》いなく尊敬《そんけい》に値《あたい》するものだ。

ただ、こうも思う。

もっとまわりに甘《あま》えればいいのに。泣いても怒《おこ》ってもいいから、もっと自分をぶつけてくれればよかったのに。

インターハイ予選の直前、匠《たくみ》が渡《わた》り廊下《ろうか》で泣き出した時、俺《おれ》を含《ふく》めて部員全員が驚《おどろ》いた。匠《たくみ》があれだけ感情《かんじょう》をあらわにするのを目撃《もくげき》するのは初めてだった。

「お前らのせいやろ。何か言えや」

しっかり者の部員にうながされ、当事者たちがあわてて謝罪《しゃざい》の言葉をかけた。

匠《たくみ》は静かに泣き続け、何も言わなかった。

STORY. 4

バスケを続ける理由　大学編《へん》1

慶《けい》應《おう》義《ぎ》塾《じゅく》大学 バスケットボール部

神奈川県横浜市

原匠 | Hara Takumi

雑巾係《ぞうきんがかり》からスタメンを目指す。ポイントガード。

鳥羽陽介 | Toba Yosuke

匠《たくみ》の同期。1年からスタメン。長身のガード。

小川翔平 | Ogawa Shohei

匠《たくみ》の同期。努力家。バスケをするために慶應《けいおう》に入学。

トカチョフ・サワ | Sava Tkachov

匠《たくみ》の先輩《せんぱい》。ムードメーカー。バスケを愛するキャプテン。

雑《ぞう》巾《きん》係《がかり》からのスタート

レイアップシュートを打とうとする者とそれを防《ふせ》ごうとする者が、激《はげ》しく接触《せっしょく》し、倒《たお》れ込《こ》んだ。ファールを告《つ》げる笛は鳴らない。

2人は体勢《たいせい》を立て直し、何事もなかったかのように逆《ぎゃく》サイドのコートに駆《か》け出す。

匠《たくみ》は彼《かれ》らに負けないくらいの猛《もう》ダッシュでコートに入り、床《ゆか》についた汗《あせ》を一心不《いっしんふ》乱《らん》にぬぐった。

2015年、春。

慶應義塾《けいおうぎじゅく》大学バスケ部に入部した匠《たくみ》に与《あた》えられた役割《やくわり》は、雑巾係《ぞうきんがかり》だった。

進学をすすめてくれたのは、近畿《きんき》大学附属《ふぞく》高校の大森先生だった。

「原、慶應《けいおう》を受けてみやん？」

「え、ケイオーってあの慶應《けいおう》ですか？」

レイアップシュート
ステップを踏《ふ》みながらゴールに近づき、ジャンプしてボールをリングに置いてくるように入れるシュート。

「そうそう。お前に合ってると思うで」

姉兄と同様、家から通える距離《きょり》にある国公立大学に進学しようと考えていた匠《たくみ》にとって、先生の提案《ていあん》はあまりにも突飛《とっぴ》なものだった。

先生は慶應《けいおう》バスケ部について説明してくれた。

大学バスケ界の最高峰《さいこうほう》「関東大学リーグ1部」に所属《しょぞく》する10チームのうちの1つだということ。文武両道《ぶんぶりょうどう》、学生主体で活動しながら、過去《かこ》には日本一に輝《かがや》いたこともあること。高校時代から雑誌《ざっし》やサイトで取り上げられてきたスターがたくさん在籍《ざいせき》していること。学業成績《せいせき》が基準《きじゅん》に達しているのでAO入試が受けられること。

(こんなすごいところでバスケを続けるチャンスがあるんか)

匠《たくみ》の胸《むね》は一瞬《いっしゅん》沸《わ》いたが、すぐにさめた。

(1人暮《ぐ》らしなんてしたらナンボほど金がかかるんや。無理や)

4人の兄弟がいる原家は、決して裕福《ゆうふく》ではない。高校在学中《ざいがくちゅう》も私立《しりつ》に進んだという負い目が絶《た》えずあり、大会遠征《えんせい》や合宿のたびに「家族に無理をさせている」と申し訳《わけ》なさが募《つの》った。

関東大学リーグ1部
関東大学バスケットボール連盟《れんめい》の加盟校《かめいこう》は、5部に分かれてリーグ戦を行う。1部はそのトップのリーグ。

文武両道《ぶんぶりょうどう》
勉強とスポーツの両方にすぐれていること。

AO入試
志願者《しがんしゃ》の能力《のうりょく》や資質《ししつ》、学習意欲《いよく》などを評価《ひょうか》する入試。

何度か家族会議を行った末、両親に「家のことは気にしないで挑戦《ちょうせん》してみろ」と背中《せなか》を押《お》された匠《たくみ》は受験を決め、これに合格《ごうかく》した。

「慶應《けいおう》受かったたってホンマ？」

「ああ」

「マジか！　お前やっぱええぐいわ」

チームメートやクラスメート、中学時代の友だちからたくさんの羨望《せんぼう》を集め、まるでヒーローになったかのような気分で神奈川に旅立った。

しかし、初日の練習で、匠《たくみ》は一瞬《いっしゅん》で現実《げんじつ》を突《つ》きつけられた。体格《たいかく》。運動能力《のうりょく》。個人《こじん》スキル。どれをとってもレベルが違《ちが》った。

5月に行われるシーズン最初の公式戦、そして6月の早慶《そうけい》戦に向けて、チームはすでに1つの仕上げの時期に差し掛《か》かっていた。練習の後半は主力の実戦練習にあてられ、8人の新入部員のうち匠《たくみ》を含《ふく》む6人は、有無《うむ》を言わさず雑巾係《ぞうきんがかり》になった。

「ファイト！　まだまだ行きましょう!!」

雑巾係《ぞうきんがかり》は誰《だれ》かが転んだ時以外仕事がない。コートの外に立ち、励《はげ》ましの声を送る

早慶戦《そうけいせん》
早稲田《わせだ》大学と慶應義塾《けいおうぎじゅく》大学の対抗《たいこう》戦。慶早戦《けいそうせん》とも。

匠《たくみ》の目線の先には、先輩《せんぱい》たちに混《ま》じって汗《あせ》を流す鳥羽陽介《とばようすけ》と澤近智也《さわちかともや》がいた。
２人は匠《たくみ》と同じＡＯ入試で入学した１年生で、同じ学生寮《がくせいりょう》に暮《く》らしていた。澤近《さわちか》は高知選抜《せんばつ》として出場した国体で３位入賞《にゅうしょう》という実績《じっせき》がある。中学時代から全国大会に出ていた陽介《ようすけ》は、高校３年生の時に福岡大学附属大濠《ふぞくおおほり》高校でインターハイ、福岡選抜《せんばつ》で国体を制《せい》したスーパースターだ。

（ＡＯ組でメンバー外なの、俺《おれ》だけか）

匠《たくみ》は特に同じガード、そしてキャプテンとして強豪《きょうごう》を引っぱった陽介《ようすけ》にコンプレックスを持っていた。ふだんの陽介《ようすけ》は、多少他人を寄《よ》せつけないところがあるが、穏《おだ》やかで礼儀《れいぎ》正しい男だ。しかしコートに入ると一変。闘争心《とうそうしん》をむき出しにしてプレーし、納得《なっとく》できないことには決して首を縦《たて》に振《ふ》らなかった。

「ピッ！！！」

ガードとしては大柄《おおがら》な１８０㎝。身長と強い体を生かし、陽介《ようすけ》が激《はげ》しくボールを奪《うば》いに行くと、マッチアップしていた４年生が転倒《てんとう》しプレーが止まった。
陽介《ようすけ》は謝《あやま》るどころか顔色すら変えず、次のプレーに移《うつ》る準備《じゅんび》を始めている。

国体
国民スポーツ大会。もとの名称《めいしょう》は、国民体育大会。各都道府県の選抜《せんばつ》メンバーでそれぞれチームを作り、優勝《ゆうしょう》を争う。

インターハイ
全国高等学校総合《そうごう》体育大会。毎年7月から8月に開催《かいさい》される、スポーツの祭典。高校総体《そうたい》とも。

ガード
バスケットボールのポジションの一つ。主にボール運びやゲームの組み立てを担《にな》う。

マッチアップ
2人の対戦。自分がマークする選手との対戦。

（日本一になるようなチームの主力は、上下関係とか遠慮《えんりょ》とかないんやな）

陽介《ようすけ》の鬼気《きき》迫《せま》るような振《ふ》る舞《ま》いにあっけにとられていると、同期から「匠《たくみ》！」と声が飛んだ。

匠《たくみ》は我《われ》に返ってコートに入り、床《ゆか》に這《は》いつくばる。

先輩《せんぱい》とバチバチに戦っている陽介《ようすけ》と、床《ゆか》を拭《ふ》いている自分。

その差は縮《ちぢ》まるどころか、むしろどんどん離《はな》れていっているとしか思えない。

（そもそもの意識《いしき》から変えていかんと、とうていあいつには追いつけん）

匠《たくみ》は今まで感じたことのない危機感《ききかん》を抱《いだ》いていた。

このまま試合に出られなかったら

大学では1年に4つの大きな大会がある。5月の関東大学バスケットボール選手権《けん》。7月の新人戦。8月末から約2か月間におよぶ、10チーム総当《そうあ》たりの関東大学リーグ戦。そして12月のインカレ（全日本大学バスケットボール選手権《せんしゅけん》大会）。慶應《けいおう》と早稲田《わせだ》大には、6月の早慶《そうけい》戦（早慶《そうけい》バスケットボール定期戦）も加わる。

1年目のシーズンが終わり、匠《たくみ》は1、2年生のみで戦う新人戦を除《のぞ》いて一度もコートに立てなかった。リーグ戦はケガ人が出た影響《えいきょう》でベンチに入ったが、出場時間はなし。終盤《しゅうばん》に足を骨折《こっせつ》し、インカレでは会場の上のほうで記録用の試合映像《えいぞう》を撮影《さつえい》していた。追い打ちをかけるように、来年、陽介《ようすけ》と同じくらいの実績《じっせき》を挙げたガードが入部してくるといううわさも聞こえてきた。

「俺《おれ》、このまま試合に出られんまま引退《いんたい》するんやろか」

朝練後、学食で朝食をとりながら、匠《たくみ》はテーブルの向かいの小川翔平《おがわしょうへい》に言った。

同期の小川は、高校まで全国大会どころか県大会の上位にも入ったことがない。それでも「高いレベルでバスケがしたい」と、一部所属校《しょぞくこう》で唯一《ゆいいつ》スポーツ推薦《すいせん》のない慶應《けいおう》に一般《いっぱん》受験で入学した、ガッツの塊《かたまり》のような男だ。小川は新人戦以外の大会で一度もベンチ入りしていなかったが、スーパーポジティブな性格《せいかく》ゆえに「ここから這《は》い上がってやる」としか考えていなかった。

「急にどうした？」

小川は納豆《なっとう》をかきまぜていた手を止め、大きな目を丸くした。

「いやさ……」

匠《たくみ》の脳裏《のうり》に浮《う》かんでいたのは、国体（大阪府選抜《せんばつ》）の時の父の顔だ。

「うち、そんなに裕福《ゆうふく》なわけでもないのに、兄弟で一人だけ私立《しりつ》の学校通わせてもろて、親に負担《ふたん》かけてるから、これ以上がっかりさせたくないねん」

親に対する考え方も、小川には理解《りかい》しがたいものだった。

（悪口は絶対《ぜったい》言わないし、うまくいかなくても腐《くさ》らない。きっと親の言うことを全部聞いて育った「いい子」なんだろうな。反抗《はんこう》しまくってきた俺《おれ》とは正反対だ）

スポーツ推薦《すいせん》
全国大会出場など、スポーツで実績《じっせき》を残した生徒が推薦《すいせん》をもらって受験できる大学入試の制度《せいど》。

小川は率直《そっちょく》に言った。

「とりあえず親のことなんてどうでもよくね？　申し訳《わけ》ないとか思わないで好きにやればいいじゃん」

匠《たくみ》は浮《う》かない表情《ひょうじょう》のまま、味噌汁《みそしる》をすすった。

モヤモヤした気持ちを抱《かか》えながら、匠《たくみ》は千駄ヶ谷《せんだがや》の東京体育館に向かった。３年ぶりにウインターカップに出場する近大附属《ふぞく》の後輩《こうはい》たちを応援《おうえん》するためだ。

（うわ、めっちゃ人多いな……）

匠《たくみ》が高校１年で出場した時のウインターカップは、イレギュラーに広島で開催《かいさい》され、観客は多いとは言えないものだった。しかし、初めて訪《おとず》れた「高校バスケの聖地《せいち》」は、各校の応援《おうえん》に駆《か》けつけた人やファンで想像《そうぞう》以上にごった返していた。

（俺《おれ》もここで試合してみたかったな）

ちょっぴりうらやましい気持ちを抱《かか》えながら、匠《たくみ》は観客席に腰《こし》かけた。

１回戦、２回戦と白星を飾《かざ》った近大附属《ふぞく》はこの日、ベスト８進出をかけて京都の

ウインターカップ
全国高等学校バスケットボール選手権《せんしゅけん》大会。年末に行われ、高校生活のしめくくりとなる大会。

洛南《らくなん》高校と対戦することになっていた。数え切れないほどのプロや日本代表を輩《はい》出《しゅつ》し、大阪の高校が公式戦で何十年も勝ったことのない超《ちょう》名門校。そんな洛南《らくなん》を相手に、後輩《こうはい》たちは思わぬ善戦《ぜんせん》を繰《く》り広げる。第1クォーターからリードを奪《うば》い、前半が終わっても、第3クォーターが終わっても、そのリードは覆《くつがえ》らなかった。

（あれ、もしかしたらこのまま行くんちゃう？）

匠《たくみ》の前の席に大挙した応援団《おうえんだん》が、コート上の一挙手一投足に沸《わ》き立つ。その声援《せいえん》に引っぱられるように選手たちのボルテージも上がっていく。去年はどこか突《つ》き抜《ぬ》けきれないプレーが目立った嶋津友稀《しまづともき》も、入学時から武器《ぶき》にしてきたスピードとドリブルを生かし、これまで近大附属《ふぞく》にいなかったタイプのガードになっていた。

近大附属《ふぞく》は勢《いきお》いのままに大金星を挙げ、史上《しじょう》初の全国ベスト8入りを果たした。

うねりをあげるようなチームの一体感。

スポットライトと大観衆《だいかんしゅう》の中で爆発《ばくはつ》する感情《かんじょう》。

信頼《しんらい》し合える仲間たちと共有する最高の瞬間《しゅんかん》——。

喉《のど》から手が出るほど欲《ほ》しかったものが、目の前にあった。

後輩《こうはい》たちがうらやましかった。何より、くすぶりかけている自分に腹《はら》が立った。

拳《こぶし》を突《つ》き上げて喜《よろこ》ぶ応援団《おうえんだん》の後ろで、匠《たくみ》は強く思った。

(見てる側でおるのは嫌《いや》や。俺《おれ》も、誰《だれ》かの感情《かんじょう》を揺《ゆ》さぶる存在《そんざい》でありたい)


年末年始の短いオフを終えて大阪から帰ってきた匠《たくみ》は、残りの冬休み期間を今まで以上に猛烈《もうれつ》にバスケに打ち込《こ》んで過《す》ごした。

起床《きしょう》は6時半。ごはん2合を納豆《なっとう》、レトルトの味噌汁《みそしる》などでかきこみ、寮《りょう》を出る。匠《たくみ》たち体育会の学生たちが住む下田学生寮《しもだがくせいりょう》は、日吉《ひよし》駅前の商店街を抜《ぬ》けた先の静かな住宅街《じゅうたくがい》にある。15分ほど歩くと、駅の反対側にあるキャンパスの突《つ》き当たりにあるバスケ部の練習拠点《きょてん》、日吉《ひよし》記念館にたどり着く。

部室で身支度《みじたく》をととのえ、少し遅《おく》れてやってきた澤近《さわちか》や陽介《ようすけ》らと記念館に入ると、徒歩数分圏内《けんない》のアパートに住む小川がすでに汗《あせ》を流していた。

「おはよ。今日も早いな」

「おう。てか今日寒すぎじゃね?」

オフ
休みのこと。

体育会
大学の運動部。

日吉駅《ひよしえき》
神奈川県の横浜《よこはま》市港北《こうほく》区にある駅。

キャンパス
大学の構内《こうない》。

「やな。ケガせんようにしよ」

築《ちく》50年を超《こ》える記念館には暖房《だんぼう》がない。ストレッチと走り込《こ》みで体をしっかり温めてから、匠《たくみ》はシューティングパートナーの澤近《さわちか》に「やるか」と声をかけた。

同じ西のイントネーションで話し、おっとりして人のいい澤近《さわちか》とは入試の時から気が合った。1年の時は2人で、渋谷《しぶや》のスクランブル交差点や横浜《よこはま》の赤レンガ倉庫などをめぐる〝おのぼりツアー〟をした。

澤近《さわちか》からパスを受け、5つの位置からミドルシュートを20本ずつ打っていく。澤《さわ》近《ちか》と交代しながら、同じように3ポイントシュートも打っていく。

高校2年以降《いこう》、チームメートに攻《せ》めさせることを第一に考えてプレーしていた匠《たくみ》だが、今はパスもシュートもできるガードを目指していた。猛者揃《もさぞろ》いの大学バスケ界で、点の取れない166㎝のガードは通用しないと悟《さと》ったからだ。

9時前には自主練習を切り上げ、1年生全員で練習の準備《じゅんび》を行う。10時から2時間程度《ていど》のチーム練習がスタート。練習後はコンビニか大学の売店で買ったおにぎりを食べ、15時ごろまで自主練習とウエイトトレーニングに取り組む。同期たちと駅

赤レンガ倉庫
明治末期から大正の初めにかけて、横浜《よこはま》に建《けん》設《せっ》されたレンガ造《づく》りの倉庫。現在《げんざい》はイベントホールやショッピング施設《しせつ》が入った観光スポットになっている。

ミドルシュート
3ポイントシュートより近い、中距離《ちゅうきょり》のシュート。

ウエイトトレーニング
バーベルや鉄アレイなどの器具を用いて、筋力《きんりょく》や持久力《じきゅうりょく》をつける練習法。

前の定食屋で遅《おそ》い昼食を食べて解散《かいさん》する。

寮《りょう》に帰って30分ほど仮眠《かみん》をとると、匠《たくみ》はアルバイト先のラーメン屋に向かった。

(今日は23時までか。きついなあ)

大学進学時に一番の懸念《けねん》だったお金は、複数《ふくすう》の奨学金《しょうがくきん》を借りることで最低限《さいていげん》は確《かく》保《ほ》できた。ただ、実家からの仕送りは不安定で、部活で出ていくお金も想像《そうぞう》以上に多い。自由登校期間と春休みに必死で稼《かせ》いだバイト代は、すぐに消えてしまった。

部の先輩《せんぱい》の紹介《しょうかい》で秋から始めたこのバイトは、シフトの融通《ゆうずう》が効《き》く。まかないが出て食費《しょくひ》が浮《う》くのもありがたかった。同世代で学部や大学の異《こと》なるバイト仲間と過《す》ごす時間は、バスケのことを忘《わす》れられる貴重《きちょう》な息抜《いきぬ》きにもなった。

「じゃあ、お先に失礼します」

「お疲《つか》れ様。明日も部活?」

退勤《たいきん》する時、仲のいい同い年のバイト仲間が声をかけてくれた。

「せやな。毎日6時半起きやで」

「マジか。やっぱ大学の体育会って大変だな」

奨学金《しょうがくきん》
学生を援助《えんじょ》するためのお金。返済《へんさい》不要の給《きゅう》付型《ふがた》と、返済《へんさい》が必要な貸与型《たいよがた》がある。

自由登校期間
高校3年生で、多くは学年末試験が終わってから卒業式までの間、決められた登校日以外が自由登校となる期間。時期や日数は高校によって異《こと》なる。

シフト
勤務《きんむ》日や勤務《きんむ》時間のこと。月初などに相談して決める。

「まあ、毎日やってれば慣《な》れるよ。夜勤《やきん》がんばってね」

寮《りょう》に帰り、共有スペースで洗濯《せんたく》、入浴。浴場の隣《となり》にあるスペースでストレッチを行い、自室に戻《もど》ると24時を回っていた。

部屋は、スキー部の同期との2人部屋。ベッドと机《つくえ》、冷蔵庫《れいぞうこ》、小さな棚《たな》を置いたら足の踏《ふ》み場《ば》がほぼなくなる。それでも、実家で4人1部屋で生活してきた匠《たくみ》にとって、間仕切りがありパーソナルスペースが確保《かくほ》されているこの部屋は天国のようだった。しかも、ルームメートは冬休み中は長期合宿に入る。実質《じっしつ》1人部屋だ。

窓際《まどぎわ》に洗濯物《せんたくもの》を干《ほ》し、電気を消して布団《ふとん》に入る。

ハードな練習と立ちっぱなしのバイトで、足が棒《ぼう》のようだ。

（バイト、もう少し減《へ》らせたら楽なんやけどな）

もちろん、考えても仕方のないことだとわかっている。

（これ以上家族に迷惑《めいわく》かけるわけにもいかんし、がんばるしかない）

仲間のために戦うこと

主力のほとんどが卒業した2年目は、結果の出ない年だった。6月の早慶《そうけい》戦こそ勝利したが、ケガ人が続出した秋のリーグ戦では2勝16敗の最下位。2部リーグ1位の大東文化大との入れ替《か》え戦で大敗し、1部から2部への降格《こうかく》が決定した。

勝てない——。

覆《くつがえ》しようのない事実が部員たちのあせりと疑心暗鬼《ぎしんあんき》を生み、3年目のシーズンに突入《とつにゅう》するとチームはおかしな方向へと進み始めていた。

個人《こじん》の裁量《さいりょう》で行われていた朝の自主練が、6時半から8時までの強制《きょうせい》練習になった。考えてプレーすることよりも根性《こんじょう》にフォーカスした指導《しどう》が増《ふ》え、部員たちは決《けっ》定権《ていけん》を持つコーチたちの顔色をうかがって行動するようになった。

(この雰囲気《ふんいき》、何なん。みんな何も思わんのかな)

ようやく試合に出られるようになっていた匠《たくみ》は、チームのやり方に大きな違和感《いわかん》

入れ替《か》え戦
1部リーグ最下位のチームは、その下の2部リーグの最上位のチームと戦い、負ければ2部に降格《こうかく》となる。代わりに2部の最上位のチームが1部に昇格《しょうかく》する。

と嫌悪感《けんおかん》を抱《いだ》いていた。

5月の関東学生選手権《せんしゅけん》で初戦敗退《はいたい》を喫《きっ》したチームは、6月の早慶《そうけい》戦に向けてボルテージを高めていた。

ライバル校として知られる慶應《けいおう》と早稲田《わせだ》の対抗《たいこう》戦は、両校の体育会に所属《しょぞく》する学生にとっては全国大会決勝と同じくらい重要な一戦。両校のプライドがぶつかり合う試合を見るために3000人以上の観客が詰《つ》めかける、一般《いっぱん》学生や卒業生、バスケファンにとっても一大イベントだ。

「このチーム、やばくね？　みんな頭おかしいって」

「ほんとっすよ。何なんすかね」

久《ひさ》しぶりののんびりしたオフ、匠《たくみ》はキャプテンをつとめる1学年上のトカチョフ・サワとスーパー銭湯《せんとう》に来ていた。

日本生まれ日本育ちのウクライナ人のサワは、気持ちを前面に押《お》し出した熱いプレーでゴール下を支《ささ》えるムードメーカー。感情《かんじょう》の起伏《きふく》が激《はげ》しく破天荒《はてんこう》な性格《せいかく》ではあるが、後輩《こうはい》たちの面倒見《めんどうみ》がよく、部室で行うスマブラで敵《かな》う者はいなかった。

スマブラ
任天堂《にんてんどう》の対戦アクションゲーム。大乱闘《だいらんとう》スマッシュブラザーズシリーズ。

「こっちは死ぬほどリバウンドに飛び込《こ》んでるのに、あいつら当たり前みたいな顔して『まだサボってる』とか言ってくるんだぜ？　雰囲気《ふんいき》が暗いと思ってストレッチ中に声出ししても『黙々《もくもく》とやる姿《すがた》を見せてほしい』とか。ありえねえよ」

「いや、あれは僕《ぼく》もびびりました」

「俺《おれ》が1年の時の慶應《けいおう》って、こんなんじゃなかったんだよなあ」

ブロンドの髪《かみ》をかきあげ、サワは遠くを見つめながら言った。

「もっと自由でメリハリがあって、遊ぶ時は遊んで、バスケする時はバスケに全集中してさ。俺《おれ》がキャプテンをやるからにはそういうチームが作りたいんだよ」

「僕《ぼく》もそっちのほうが理想っすね。高校もそういう感じやったんで」

「だろ？　だからとりあえず、お前たち下級生は伸《の》び伸《の》びやってくれていいから。毒《どく》は全部俺《おれ》が飲む。誰《だれ》よりも慶應《けいおう》バスケ部を愛してるから」

匠《たくみ》はこういうクサいことを当たり前に言える、サワの裏表《うらおもて》のないまっすぐさが好きだった。

（サワさんのためにも、早慶《そうけい》戦の勝ちに貢献《こうけん》したいな）

リバウンド
シュートが外れて、リングやボードに当たってはね返ったボール。また、そのボールを取ること。

匠《たくみ》にはもう1人、早慶《そうけい》戦の勝利を届《とど》けたい男がいた。小川だ。

小川は3年のシーズンが始まったタイミングで選手からスタッフに転身し、マネージャーやトレーナーなどを経《へ》て学生コーチになっていた。

慶應《けいおう》バスケ部には、プレーヤーとしてチームに貢献《こうけん》することが難《むずか》しいと判断《はんだん》された部員が、2年ごろにスタッフに転身するという伝統《でんとう》があった。166cmの匠《たくみ》よりもさらに背《せ》が小さく、プレーのレベル的にも厳《きび》しいものがあった小川は1年の夏の段階《だんかい》で上級生から「スタッフにならないか」と言われていた。

しかし、バスケをやるためだけに慶應《けいおう》に入学し、朝から晩《ばん》まで……授業《じゅぎょう》をサボってまでバスケに打ち込《こ》み、〝コラッタレベルで記念館に出没《しゅつぼつ》する男〟として一目置かれる存在《そんざい》だった小川は、当たり前のようにこれを突《つ》っぱねた。

らちが明かないと判断《はんだん》した上級生は、匠《たくみ》たち同期に説得《せっとく》を要請《ようせい》した。

21時。全体練習が終わると、自然とこの代のリーダー格《かく》になっていた陽介《ようすけ》が「この後話そう」と同期たちを集める。

コラッタ
ポケモンに登場する架《か》空《くう》のキャラクター。

2階のスペースに移動《いどう》すると、陽介《ようすけ》は小川に言った。

「考え、変わった?」

小川は憮然《ぶぜん》とした表情《ひょうじょう》で「変わってない」と言い返す。

「お前が今後試合に出るのは、客観的に見てたぶん厳《きび》しいと思う。スタッフとしてのほうがチームに貢献《こうけん》できるかもしれないよ」

「なんで誰《だれ》より努力してて、プレーしたいと思ってる人間が辞《や》めなきゃいけないんだよ。俺《おれ》はプレーヤーとしてチャレンジするために慶應《けいおう》に来たんだよ」

「…………」

誰《だれ》一人として本気で小川を辞《や》めさせたいとは思っていない。当然、言葉は続かない。決め手に欠ける議論《ぎろん》は延々《えんえん》と続き、体育館が閉《し》まる22時でお開きとなった。

何日も同じやりとりを繰《く》り返した末、小川は一度はスタッフ転身を了承《りょうしょう》した。しかしすぐに翻意《ほんい》し、交渉《こうしょう》の末に前代未聞《ぜんだいみもん》の「スタッフ兼《けん》プレーヤー」になった。匠《たくみ》は「こいつは最高だ」と思った。

しかし、しばらく経《た》って小川は踏《ふ》ん切りをつけた。

「…プレーヤー、辞《や》めるわ……」

そう言って泣き崩《くず》れた小川の姿《すがた》に、匠《たくみ》は胸《むね》を打たれた。

シューティングやトレーニングのパートナーとしてその努力を誰《だれ》よりも近くで見てきた陽介《ようすけ》も、初めて同期の前で涙《なみだ》を見せた。

「お前がやってきたことはムダにしない。俺《おれ》らもがんばるから……」

陽介《ようすけ》が言った言葉は、そっくりそのまま匠《たくみ》の気持ちだった。


6月24日。決戦の時が訪《おとず》れた。

前年までの対戦成績《せいせき》は37勝37敗。ほとんどの競技《きょうぎ》で早稲田《わせだ》に大きく勝ち越《こ》されている慶應《けいおう》にとって、五分五分の成績《せいせき》を挙げられているバスケ部は周囲《しゅうい》から大きな期待をかけられていた。さらにこの年は26年ぶりの勝ち越《こ》し、そして61年ぶりの4連《れん》覇《ぱ》という偉業《いぎょう》達成がかかっていた。

この年の早稲田《わせだ》は中高時代から全国上位の成績《せいせき》を挙げてきた選手が多かったが、慶應《けいおう》のメンバーも決して負けていない。部員全員が気持ちをたかぶらせていた。

匠《たくみ》は3年目にして初めて、早慶戦《そうけい》のスタメンに抜擢《ばってき》された。

「9番、原匠《たくみ》!」

3000人を超《こ》える観客が見つめ、声援《せいえん》を送る中、チアリーダーが作った花道を抜《ぬ》けてコートに入場する。

1964年の東京オリンピックのバスケットボール会場として作られ、今は「大学バスケの聖地《せいち》」とも呼《よ》ばれる代々木競技場《よよぎきょうぎじょう》第二体育館。他の体育館に比《くら》べて観客との距離《きょり》が近く、スポットライトがコートに立つ10人だけを明るく浮《う》き上がらせる。

不完全燃焼《ねんしょう》で終わった高校3年から、ようやくここまで来た。

(やれることは全部やった。大丈夫《だいじょうぶ》や)

序盤《じょばん》は劣勢《れっせい》だった。しかし、澤近《さわちか》のスクリーンでノーマークになり、陽介《ようすけ》のパスを受けて放った匠《たくみ》の3ポイントシュートが1本目から綺麗《きれい》に決まると、会場がわっと沸《わ》いた。2本目も同様だった。ディフェンスでも全国屈指《くっし》の実力者たちを相手に食い下がり、慶應《けいおう》は格上《かくうえ》の相手に第2クォーター中盤《ちゅうばん》で14点のリードを奪《うば》った。

スタメン
試合に最初から出場する選手。

花道
コートに入場するための細長い通路。

スクリーン
ボールを持っていない選手が、味方をマークしているディフェンスの前に立ち、じゃまをするプレー。

心は燃《も》えていた。一方で、穏《おだ》やかでもあった。

サワを勝たせたい。

小川を負けた男にしたくない。

高校の時は、80人超《ちょう》の部員どころか、15人のベンチ入りメンバーの気持ちすらも汲《く》めていなかった。「誰《だれ》かのためにがんばろう」という気持ちが、こんなに強い力を生むことを初めて知った。

しかし、結果はついてこなかった。

慶應《けいおう》は第3クォーターで一気に点差を詰《つ》められ、70－88で敗れた。

匠《たくみ》は3ポイントシュート6本を含《ふく》む20得点《とくてん》、両チーム通じて最多得点《とくてん》を挙げたが、チームを勝たせることはできなかった。

応援席《おうえんせき》で立ちすくむ小川の姿《すがた》が目に入った瞬間《しゅんかん》、匠《たくみ》は崩《くず》れ落ちるように手をヒザにつき、泣いた。体がおかしくなったんじゃないかというくらいに泣いて、泣いて、泣き続け、最後は先輩《せんぱい》に抱《かか》えられて表彰式《ひょうしょうしき》の整列位置に戻《もど》った。

観客たちが退場《たいじょう》した後、小川は他のスタッフ陣《じん》とベンチ外のメンバーたちと、体育館の片《かた》づけ作業に入っていた。体育館裏《うら》の階《かい》段《だん》から荷物を下ろそうとした時、階《かい》段《だん》の下の匠《たくみ》に気づいた。

「おう、お疲《つか》れ。すごかったじゃん」

匠《たくみ》は小さな声で言った。

「ごめんな」

「え？」

「勝てんくて、ごめん……」

そう言って泣き出した。

（なんで謝《あやま》るんだ？）

小川は一瞬《いっしゅん》考え込《こ》み、すぐにはっとした。

（こいつは自分のためじゃなくて他のメンバーのために戦ってたのか）

1000歩譲《ゆず》って同期のためになるのなら、とスタッフに転向した小川は、実は腐《くさ》っていた。要求された業務《ぎょうむ》以外のことはほとんどやらず、チーム練習が終わったあとにスタッフ陣《じん》でやるバスケだけが生きがいだった。

そんな自分を含《ふく》むみんなのために、匠《たくみ》は試合終了《しゅうりょう》のブザーが鳴る直前まで全力で走り、シュートを狙《ねら》ったことを知り、小川は激《はげ》しい自己嫌悪《じこけんお》に陥《おちい》った。

「……謝《あやま》るなよ。お前はがんばってたよ」

謝罪《しゃざい》を受け入れる側らしくそっけない言葉を返したが、本当は自分も謝《あやま》りたくて仕方がなかった。

（こんなどうしようもないスタッフでごめんな）

バスケを続ける理由

早慶戦《そうけい》4連覇《れんぱ》という目標が途絶《とだ》えたチームは、次なる「一部復帰《ふっき》」という目標に向けて再出発《さいしゅっぱつ》を切り、リーグ戦直前の総《そう》仕上げを行う6泊《ぱく》7日の夏合宿に突入《とつにゅう》した。

ある晩《ばん》に行ったビデオミーティング中、事件《じけん》が起きた。

匠《たくみ》たちはその日の練習映像《えいぞう》を見ながら、小川たち学生コーチたちが一つひとつのプレーの良し悪《あ》しをフィードバックするのを聞いていた。それはダメ出しに終始し、おおよそ建設的《けんせつてき》なものではなかった。

ある選手が「パスを出したあとにリバウンドに行っていない」という点を厳《きび》しく追及《ついきゅう》されている時、サワが「いやいや」とそれを遮《さえぎ》って言った。

「このパス、めっちゃいいパスじゃん。なんでそっちを褒《ほ》めてあげないの？　ていうかそもそも、なんでプレーしてないお前たちスタッフが『がんばってない』なんて判断《はんだん》できるんだよ。そんなのお前らの主観だろ」

この発言をきっかけに、「楽しむ時は楽しむ」というサワのスタンスに不満を持っていた部員たちはサワに集中砲火《ほうか》を浴びせかけた。

「お前自身、キャプテンとしてどうなんだよ。『真剣《しんけん》にやってる姿《すがた》を見せてほしい』って散々《さんざん》言ってるのに、全然変わってないけど」

「はあ？　厳《きび》しい顔して黙《だま》ってやってれば勝てるとでも思ってんのかよ」

「お前は努力が足りない。まだがんばれるのに手を抜《ぬ》いてる」

「だからそれはお前の主観だろ？」

口論《こうろん》はヒートアップし、収拾《しゅうしゅう》がつかない状況《じょうきょう》になってきた。

匠《たくみ》はいたたまれない気持ちでその場にいた。

（俺《おれ》もサワさんが完璧《かんぺき》なキャプテンとは思わん。でも、完璧《かんぺき》じゃないのは誰《だれ》でも同じじゃないか。なんでこんなにえぐい詰《つ》め方をしてるんや）

匠《たくみ》は手を挙げ、「ちょっといいですか」と言った。

約30人の視線《しせん》が一気に集まった。

サワと同じような扱《あつか》いを受けるかもしれないという怖《こわ》さはもちろんあった。でも、黙《だま》ってはいられなかった。

「あの、もっとみんなのいいところを探《さが》していきません？　マイナスなことじゃなくて、プラスの視点《してん》を増《ふ》やしていきましょうよ。リーグ戦もすぐ始まりますし、雰《ふん》囲気《いき》も上げていきたいですし」

「…………」

静まり返った空間に、「こいつ、いきなり何言ってんの？」という部員たちの心の声が充満《じゅうまん》したが、サワだけは匠《たくみ》の発言の真意を理解《りかい》していた。

その後行われた学年別のミーティングを受け、サワは翌朝《よくあさ》合宿をリタイアし、数日後に部を辞《や》めた。

「お前らのためにはもうがんばれねえわ」

それがサワの最後の言葉だった。

全勝優勝《ゆうしょう》を掲《かか》げて挑《いど》んだリーグ戦は、４連敗でスタートした。

ゴール下の攻防《こうぼう》を一手に担《にな》っていたムードメーカーが去ったチームからは、前向きな言葉のやりとりや、生き生きとした表情《ひょうじょう》が消えた。

(サワさんに戻《もど》ってきてもらいたい)

何度も何度もそう思ったが、具体的な行動は起こせなかった。

早《そう》慶《けい》戦で爪《つめ》痕《あと》を残し、3年目にしてようやく主力のポジションをつかんだ。チームの総《そう》意《い》に反する行動を取り、それが奪《うば》われることなんて考えられなかった。

「どうなのよ、最近は」

「いやー、きついっす」

「飯でも食おう」と連《れん》絡《らく》をくれたサワに、匠《たくみ》は珍《めずら》しく弱音を吐《は》いた。

「相変わらず『とにかく全力でやれ』みたいな感じです。必死にやるのも大事だとは思うんですけど、思考停《てい》止《し》状《じょう》態《たい》でただやってる感が強くて気持ち悪いですね」

「うわ、変わんねえな。キャプテン誰《だれ》がやってんの?」

「コーチから3年主体の体《たい》制《せい》でやっていくよう指《し》示《じ》が出て、今は陽《よう》介《すけ》がチームを引っぱってくれてます」

「まあそうなるわな。俺《おれ》がいたころから『3年の真面目《まじめ》さを見習え』ってめっちゃ言われてたし」

「4年生は受け入れてるみたいなんですけど、内心はどう思ってんのかなとは思いますね。陽介《ようすけ》についていかなきゃって思いつつ、やり方には違和感《いわかん》があるし、勝てないし、僕《ぼく》自身はどうしたらいいんだろうなって」

サワのバイト先でもある、貧乏《びんぼう》学生にはあまりにも不釣《つ》り合いな六本木のレストランで酒を傾《かたむ》け、お互《たが》いの近況《きんきょう》を話しているうちに、サワが「あのさ」と言った。

「うちからプロになる人なんてほぼいないし、バスケ以外にも楽しいことといっぱいあるのに、匠《たくみ》はなんでバスケ続けてんの？　誰《だれ》のためにバスケやってんの？」

匠《たくみ》の頭に真っ先に浮《う》かんだのは両親の顔だった。

「親のためですかね。そんなにお金のある家でもないんでめっちゃ負担《ふたん》かけてきましたし、僕《ぼく》の活躍《かつやく》を自分のことみたいに喜《よろこ》んでくれるんで、ここまできて『しんどいから辞《や》める』なんて言えないというか」

サワは「そっか」と相槌《あいづち》を打ち、言った。

「俺《おれ》の親、知ってるっしょ？」

「もちろん。試合でめっちゃ叫《さけ》んでましたよね」

「そうそう。めちゃくちゃ応援《おうえん》してくれてたから、部を辞《や》めたいって伝える時はさすがに言葉に詰《つ》まったんだよね。でも、俺《おれ》がつらそうにバスケをしている姿《すがた》を見るのは親的にもしんどいと思ったから『悪いけど辞《や》めさせてもらう』って言ったら、親父《おやじ》は『よくがんばった。辞《や》めることを恐《おそ》れなくていい』って言ってくれてさ」

サワはひと息にビールをあおり、続けた。

「なんて言ったらいいかわかんないけど、たぶん、匠《たくみ》の親も同じ気持ちだと思うよ。親のためにバスケをするのもいいけど、お前の人生はお前のもんじゃん。もっとお前自身がどうしたいのかってところを考えてみてもいいんじゃない。『親が』とか『鳥羽《とば》が』とかじゃなくて『お前』はどうなのってところを」

「あー……そうっすね」

サワの思いがけない言葉に、匠《たくみ》は言葉に詰《つ》まった。

「まあ、ゆっくりでいいから考えてみなよ」

店を出ると、明るかった空がすっかり暗くなっていた。

「ごちそうさまでした。いろいろ話せて気が楽になりました」

「ならよかったわ。俺《おれ》はお前の味方だし、お前なら俺《おれ》が作りたかったようなチームが作れると思う。後輩《こうはい》たちも、鳥羽《とば》は無理でもお前にならなら思ってることを打ち明けられるんじゃないかな。まあ何かあったらいつでも連絡《れんらく》ちょうだいよ」

サワと別れ、サラリーマンでごった返す日比谷《ひびや》線に乗り込《こ》んだ。

自分を見守ってくれるサワの存在《そんざい》を心強く感じる一方で、自分という人間の薄《うす》っぺらさを直視《ちょくし》し、少しへこんだ。


リーグ戦は6勝12敗の7位で閉幕《へいまく》した。3部リーグとの入れ替《か》え戦はギリギリまぬがれたが、当初の目標からかけ離《はな》れた、散々《さんざん》な結果だ。

ただ、最終学年に向けて自分のやるべきことはかなりクリアになった。

(俺《おれ》が変われば、チームは変わる。もっともっとがんばらな)

日比谷《ひびや》線
東京の地下鉄。東京メトロの鉄道路線。

STORY. 5

ずっと欲《ほ》しかったもの　大学編《へん》2

慶《けい》應《おう》義《ぎ》塾《じゅく》大学 バスケットボール部

神奈川県横浜市

原匠 ｜ Hara Takumi

新体制《しんたいせい》の副キャプテン。チームの役に立つ方法を模索《もさく》。

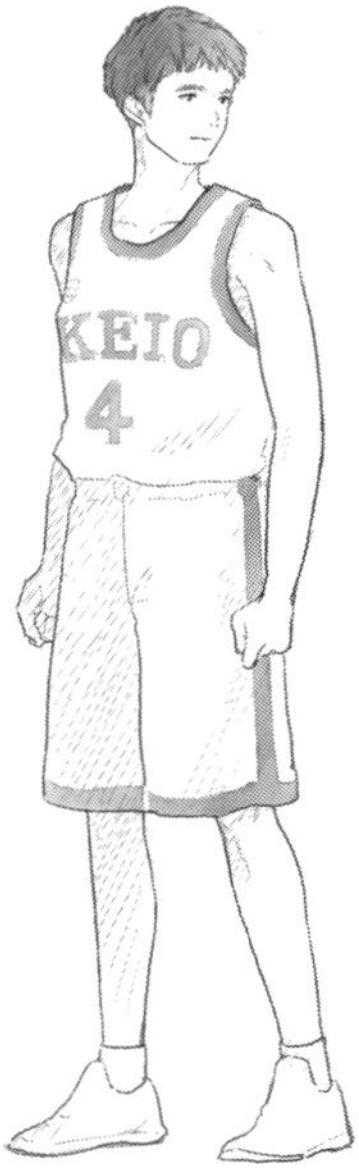

鳥羽陽介 ｜ Toba Yosuke

匠《たくみ》の同期。ストイック。新体制《しんたいせい》のキャプテン。

小川翔平 ｜ Ogawa Shohei

匠《たくみ》の同期。匠《たくみ》たちを支《ささ》える。スタッフに転向。

トカチョフ・サワ ｜ Sava Tkachov

匠《たくみ》の先輩《せんぱい》。元キャプテン。匠《たくみ》をさりげなく気遣《きづか》う。心強い味方。

副キャプテンの役割《やくわり》

10月末、新体制《たいせい》がスタートした。

キャプテンは陽介《ようすけ》。匠《たくみ》は副キャプテンに就任《しゅうにん》した。

11月に行われた新チーム最初の合宿は、プレーの強化というより、今後のチームの方向性《ほうこうせい》や目標を共有する意味合いの強いものになった。

「俺《おれ》たちがなんでバスケをやってるのか、そこをクリアにしよう」

陽介《ようすけ》が話し始めた。

「プロを目指してるわけじゃない俺《おれ》たちが大学でまで部活をやってる意義《いぎ》って、自分たちで目標を決めて、そこに一生懸命《いっしょうけんめい》取り組める習慣《しゅうかん》を身につけて、社会で活躍《かつやく》するためなんだと思う。昔の部の資料《しりょう》とか調べてみたんだけど、慶應《けいおう》バスケ部って昔から『最大限《さいだいげん》の努力で、最高の結果を追い求める行動特性《とくせい》を身につける』みたいなフィロソフィーが根底にあって、だからOBの人たちは社会の色んなところで

OB　その学校の卒業生。

活躍《かつやく》してるんだと思う。こういうことって選手もスタッフも部員全員が目指せることだと思うし、まずは俺《おれ》たち3年がしっかり姿勢《しせい》を示《しめ》していこう」

6月の早慶《そうけい》戦の勝利。そして、秋のリーグ戦で4位以内に入って入れ替《か》え戦の出《しゅつ》場権《じょうけん》を獲得《かくとく》し、それに勝ち、大学バスケ界の頂点《ちょうてん》に君臨《くんりん》する1部リーグへの復帰《ふっき》。

2つの目標を再確認《さいかくにん》し、匠《たくみ》たちはラストシーズンに向けて走り出した。

部の誰《だれ》よりも実力がありながら、高い理想に向かって努力し続けられる陽介《ようすけ》。

185㎝の身長で190㎝超《ちょう》の選手たちと渡《わた》り合う澤近《さわちか》。

学生コーチとしての勉強を怠《おこた》らず、陽介《ようすけ》と共にチームを引っぱる小川。

ヒザのケガに苦しみながら、コツコツと練習を積み重ねてきた小原陸《こはらりく》。

匠《たくみ》とはゲームやマンガの話で意気投合する、ガッツマンの吉敷秀太《きしきしゅうた》。

「愛と笑い」を人生のテーマに掲《かか》げる変わり者の学生コーチ、宇野晋一郎《うのしんいちろう》。

この代で高校までに全国大会を経験《けいけん》しているのは陽介《ようすけ》、匠《たくみ》、澤近《さわちか》のみで、大学でここまで主力を務《つと》めてきたのも3人だけ。チーム全体を見ても190㎝を超《こ》える長身選手がおらず、早くからあちこちで「3部に降格《こうかく》する」とささやかれていたが、そんな下馬評《げばひょう》を覆《くつがえ》そうと全員が燃《も》えていた。

同期たちはみな「超《ちょう》」がつくほどストイックで、練習の虫だった。合コンやクラブといった大学生っぽい遊びにも縁《えん》がなく、朝から晩《ばん》まで一緒《いっしょ》に過《す》ごしていた。

彼《かれ》らのバスケに対する姿勢《しせい》は、匠《たくみ》が高校時代に求めていたものそのもので、いつも「自分もがんばらないと」と気持ちを奮《ふる》い立たされてきた。

匠《たくみ》は、ひたすらに前に突《つ》き進む陽介《ようすけ》のサポートを自らの役割《やくわり》に定めた。陽介《ようすけ》の目が届《とど》かない細かいところまで気を配り、モチベーションを保《たも》てていなそうなメンバーがいれば声をかけ、励《はげ》ます。サワを失い崩壊《ほうかい》した、去年のチームと同じことは繰《く》り返したくなかった。

ただ、その役割《やくわり》は想像《そうぞう》以上に難《むずか》しいものだった。

「今のやり方、きついっす」

死んだ目で練習していた後輩《こうはい》を飲みに連れだすと、彼《かれ》はそう言った。

「がんばらなきゃいけないってわかってるんですけどね。鳥羽《とば》さんに『もう少し

下馬評《げばひょう》
世間のうわさ。第三者の批評《ひひょう》。

個々《ここ》のやり方で練習させてほしいです』って言えたらいいんですけど、そんなことを言えるほど自分を追い込《こ》めてるわけでもないし……」

彼《かれ》の気持ちを匠《たくみ》は痛《いた》いほど理解《りかい》できた。

2部リーグに落ちた一昨年から、チームは柔軟性《じゅうなんせい》や自主性《じしゅせい》を失い、それが合わない部員たちは息苦しさを感じるようになった。陽介《ようすけ》は息をするように当たり前に自分を追い込《こ》み、みんなも同じことができると思っていたが、実際《じっさい》はそうではない。

(俺《おれ》も同じ気持ちや。部員全員が自分自身で考えて、行動して、前向きに戦えるチームを作りたい)

ただ、去年のどん底を主力として味わい、今はリーダーとして新たなチームを作ろうとしている陽介《ようすけ》の気持ちも同じように理解《りかい》できた。自分が適当《てきとう》なことを言って、陽介《ようすけ》や同期にブレーキをかけることはできない。

匠《たくみ》は必死になって言葉を絞《しぼ》り出した。

「お前の言うこと、わかるで。でも、去年のことがあったから陽介《ようすけ》も必死やねん。今はとにかくがんばってやっていこう」

「…………」

後輩《こうはい》の納得《なっとく》の行かない表情《ひょうじょう》を見て、匠《たくみ》は自分の非力《ひりき》さと中途半端《ちゅうとはんぱ》さを呪《のろ》った。

年明け、ついにおそれていた事態《じたい》が起こった。

1年生ながら主力をつとめていた下級生が、休部を申し出てきた。

匠《たくみ》は彼《かれ》を食事に連れ出し「部に戻《もど》ってきてほしい」と説得《せっとく》しようとした。しかし、彼《かれ》の言葉からは「もうここにはいたくない」という強い意思が伝わってきた。

彼《かれ》は2月の初旬《しょじゅん》に退部《たいぶ》し、数週間後、もう1人退部者《たいぶしゃ》が出た。匠《たくみ》と同じようにチームのあり方に違和感《いわかん》を持っていた後輩《こうはい》だった。

(俺《おれ》のせいや)

匠《たくみ》はこれまで感じたことのないような激《はげ》しい自己嫌悪《じこけんお》に陥《おちい》った。

秋口からスタートした就職《しゅうしょく》活動でもつまずいていた。

生活費《せいかつひ》を多額《たがく》の奨学金《しょうがくきん》でまかなっている匠《たくみ》は、それをしっかり返済《へんさい》できる、収《しゅう》入《にゅう》の高い一流企業《きぎょう》への就職《しゅうしょく》を最優先《さいゆうせん》に考えていた。直接《ちょくせつ》聞いたわけではないが、両親も「わざわざ慶應《けいおう》に行かせたからには」と期待している節があった。

練習の合間を縫《ぬ》って、いろいろな会社の話が聞ける説明会に行ったり、興味《きょうみ》のある企業《きぎょう》に勤《つと》めているバスケ部の先輩《せんぱい》を訪問《ほうもん》したり、自分の強みや特徴《とくちょう》を掘《ほ》り出す「自己分析《じこぶんせき》」という作業に取り組んだりしたが、やればやるほど泥沼《どろぬま》にはまっていくような気がした。

自分がどういう人間なのかがわからない。

やりたい仕事がわからない。

でも、とにかく一流企業《きぎょう》に入らないと人生が詰《つ》むことだけはわかっている。

「あなたの強みは何ですか？」

「僕《ぼく》の強みは、バスケットボールで培《つちか》ってきたチームワークです。今は副キャプテンとして、チームの潤滑油《じゅんかつゆ》になれるよう、仲間たちとコミュニケーションをとることを意識《いしき》することでチームに貢献《こうけん》しています」

企業《きぎょう》の採用担当者《さいようたんとうしゃ》にそう答えると、もう1人の自分がささやいた。

（嘘《うそ》つくなよ。お前、何の役にも立ってへんで）

眠《ねむ》れない日々《ひび》

部のこと。就職《しゅうしょく》のこと。後輩《こうはい》のこと。自分のこと。

さまざまな不安と戦っているうちに、眠《ねむ》れなくなった。

布団《ふとん》に入って目を閉《と》じても、1時間ほど経《た》つと時計を見てしまう。

（もうすぐ6時か……）

6時半にセットしたアラームが鳴る前に、匠《たくみ》は鉛《なまり》のように重い体を引きずり起こし、何も食べずに部屋を出た。

寮《りょう》を出ると、傘《かさ》をさすほどでもない小雨《こさめ》が降《ふ》っていた。3月に入ったというのに肌寒《はださむ》く、はっきりしない天気が続いている。

個人《こじん》の技術《ぎじゅつ》やフィジカルを磨《みが》く「鍛錬期《たんれんき》」の2月を経《へ》て、シーズンに向けたチーム練習に移行《いこう》する3月がやってきた。ここでどのようなスタートダッシュを切れたかでこの1年の結果が左右されると言ってもいいくらい大切な時期だが、頭の中に妙《みょう》なもやがかかり、バスケに集中できなくなっていた。

ただ、チームメートからどう思われているかということだけには敏感《びんかん》になった。

ちょっとしたミスをするたびに、失望されてないやろか、と激《はげ》しい不安に襲《おそ》われた。

日吉《ひよし》駅の構内《こうない》に入る10段《だん》ほどの小さな階段《かいだん》を登る。駅の反対側に、坂の上にそびえる記念館が見える。

(まだがんばりが足りないんや。もっとがんばらな)

秋には見事に黄葉《こうよう》するイチョウ並木《なみき》のゆるやかな上り坂が、とてつもなく険《けわ》しく感じられた。


(あいつ、どうしたんだ)

コートの脇《わき》で練習を見ていた小川は、匠《たくみ》の姿《すがた》に首をかしげた。

軽い接触《せっしょく》で倒《たお》れ込《こ》む。全力が大前提《だいぜんてい》のダッシュのメニューで手を抜《ぬ》く。これまでに何十回とやってきたフォーメーションプレーの動きを間違《まちが》える。

どれも、今までの匠《たくみ》からしたらありえないものだった。

「匠《たくみ》、なんか変じゃね？」

小休憩《しょうきゅうけい》のタイミングで陽介《ようすけ》に声をかけると、厳《きび》しい顔でうなずいた。

「ああ。練習終わったら話をしよう」

全体練習後、７人は集まった。

「どうした？　全然集中してないじゃん」

陽介《ようすけ》の問いに、匠《たくみ》はしばらくの沈黙《ちんもく》の後に答えた。

「ごめん。就活《しゅうかつ》が忙《いそが》しくて、あんま寝《ね》れてなくて」

虚《うつ》ろな表情《ひょうじょう》でそう言った匠《たくみ》に、小川は思わず「そんなの言い訳《わけ》になんねえよ」と声を荒《あら》らげた。いつも冷静な陽介《ようすけ》も珍《めずら》しく感情的《かんじょうてき》になった。

「今の時期がどれだけ大事か、お前もわかってるだろ。俺《おれ》たちが全力でやる姿勢《しせい》を見せないと後輩《こうはい》はついてこないって散々《さんざん》話し合ってきたのに、なんであんな気の抜《ぬ》けたプレーをすんの？　就活《しゅうかつ》が忙《いそが》しいのはみんな一緒《いっしょ》だよ」

「…………」

匠《たくみ》は黙《だま》り込《こ》んだあと、いきなり泣き出した。全員がぎょっとした。

7人はこれまでに何度も厳《きび》しいことを言い合ってきた。匠《たくみ》はこれしきのことを言われたくらいで動じるような人間ではないはずだ。

「そんなに思い詰《つ》めなくても大丈夫《だいじょうぶ》だって」

「ちょっと落ち込《こ》んでるだけだよな?」

あわててフォローした秀太《しゅうた》や晋一郎《しんいちろう》の言葉に応《おう》じない匠《たくみ》を見て、陽介《ようすけ》は「とりあえず明日からは切り替《か》えてくれ」と言ってミーティングを終わらせた。

その日は、午後から就活《しゅうかつ》の予定が入っている者が多かった。陽介《ようすけ》自身も志望《しぼう》する企業《きぎょう》に勤《つと》める先輩《せんぱい》と会うことになっていた。

(俺《おれ》も他の奴《やつ》らも、ギリギリの状態《じょうたい》で就活《しゅうかつ》と部活を両立させてるんだ。匠《たくみ》だけが特別なわけじゃない)

小川は、1人だけ立ち上がろうとしない匠《たくみ》を見てさすがに心配になった。

匠《たくみ》はこのあとウエイトトレーニングを行う予定で、小川もチーム関連の打ち合わせが入っていたが、両方をキャンセルして駅前のファーストフード店に向かった。

「マジでどうしちゃったの?　熱でもあんの?」

「ほんとごめん。熱はないし、風邪《かぜ》もひいてない」

匠《たくみ》は変わらず無表情《むひょうじょう》だったが、ほんのりと顔が上気していた。

(ふつうに歩いてきただけなのに何でだろう)

小川は不思議に思いながら、なるべく優《やさ》しい口調で言った。

「就活《しゅうかつ》、大変なんだな。こないだインターン行ってたけど、どうだった?」

「……全然ダメだった。みんなめちゃくちゃしっかりしてた。そもそもこの業界に興味《きょうみ》あるのかもわからんし、何やりたいかもわからんし、寮《りょう》帰ってもしんどくて勉強進まんし、でも眠《ねむ》れんし。アカンわ」

「まあでも、お前なら余裕《よゆう》で巻《ま》き返せるっしょ。気にすんなって」

「無理やわ。俺《おれ》、ほんまに何も取り柄《とえ》がないねん」

「いやいやいや、何言ってんのお前」

あまりに後ろ向きな言葉の数々《かずかず》に耐《た》えかね、小川はバックパックからノートと筆記用具を取り出した。

「ちょっと待っとけ」

インターン
就職《しゅうしょく》する前に、その企業《きぎょう》で実際《じっさい》に訓練を行うこと。

小川は猛然《もうぜん》とノートに何かを書き始め、「見ろ」とそれを渡《わた》した。
真面目《まじめ》。家族思い。責任感《せきにんかん》がある。人によって接し方を変えない。時間を守る。
うまくいかなくても腐《くさ》らない。自己犠牲《じこぎせい》を払《はら》える。後輩《こうはい》に優《やさ》しい。嘘《うそ》をつかない。
悪口言わない。人のせいにしない。歌がうまい。マンガにそこそこくわしい。時々《ときどき》
いいツッコミが出る。ラーメンにもくわしい……。
びっちりと書かれた文字列を見つめ、匠《たくみ》が戸惑《とまど》っていると、小川は「これがお前
のいいところだ」と言った。
「お前はこういう男だ。だから自信持てよ」
小川と店の前で別れ、匠《たくみ》は寮《りょう》までの一本道を歩き出した。
（ああは言ってたけど、ほんまは俺《おれ》がポンコツすぎてかわいそうに見えたんやろな。
小川は行動力があるし頭も切れるし弁《べん》も立つ。俺《おれ》とは比《くら》べ物《もの》にならん）
疲労感《ひろうかん》はさらに高まっている。ちょっとでも気を抜《ぬ》けば倒《たお》れそうだ。それでも、
匠《たくみ》の思考はめまぐるしく動き回っていた。
（まったくチームの役に立ててない。何も楽しない。けどがんばらなみんなに置い

ていかれる。がんばらな居場所《いばしょ》がなくなる)

(就活《しゅうかつ》もがんばらな。明日も説明会や。父さんと母さんの期待を裏切《うらぎ》らんようにがんばらな。俺《おれ》のバスケにばっか金がかかって、兄ちゃんにも姉ちゃんにも妹にも迷《めい》惑《わく》かけたよな。みんながっかりしてるやろうな)

(迷《めい》惑《わく》かけまくってるのに誰《だれ》の役にも立ってない。しょうもないやつやな。とにかくもっとがんばらな。もっともっとがんばらな。どんだけがんばればええんや)

朝が来た。

時計を見る。企業《きぎょう》の主催《しゅさい》する説明会の開始時間をとうに過《す》ぎていた。

(ホンマ、しょうもない)

そう思った途端《とたん》、急に頭の中がすっと静かになった。今まで経験《けいけん》したことのないようなその静けさは、匠《たくみ》に不思議な安らぎを与《あた》えてくれた。

しばらくその心地《ここち》よさに浸《ひた》った後、匠《たくみ》はふと気づいた。

空っぽになった心の中に、たった一つだけ残っていた気持ち。

(――楽になりたいな)

激《はげ》しい後悔《こうかい》

17時を過《す》ぎた。

練習が開始する時間が近づいても現《あらわ》れない匠《たくみ》に、陽介《ようすけ》は言いようのない不安を感じていた。

「電話、出えへんわ」

ケガで練習を休むことになっていた澤近《さわちか》の言葉を聞き、さらに心がざわついた。

(匠《たくみ》が集合時間に遅刻《ちこく》したり寝坊《ねぼう》したことなんてこれまでに一度もない。何より、昨日のあいつは明らかにおかしかった)

「悪いけど、ちょっと寮《りょう》に帰って様子見てきてくんない?」

そう言うと、澤近《さわちか》は何かを察した顔で「わかった」と言った。

陽介《ようすけ》はスタッフの後輩《こうはい》にスマホを渡《わた》し、「澤近《さわちか》から電話がかかってきたら教えてくれ」と言って練習をスタートさせた。

20分ほど経《た》ったころ、後輩《こうはい》が「鳥羽《とば》さん、澤近《さわちか》さんです」と叫《さけ》んだ。

陽介《ようすけ》は弾《はじ》かれたように走り、スマホを受け取った。

「……もしもし」

「やばいやばいやばいやばい」

スマホ越《ご》しの澤近《さわちか》の声は、尋常《じんじょう》ではないほどに混乱《こんらん》していた。

「どうした？」

「匠《たくみ》が倒《たお》れとる」

頭が真っ白になり、鼓動《こどう》が一気に高まった。

「救急車《きゅうきゅうしゃ》は呼《よ》んだ？」

「呼《よ》んだ。匠《たくみ》のお母さんにも電話した」

「わかった。俺《おれ》は監督《かんとく》に連絡《れんらく》する。病院がわかったら教えて」

電話を切った。同期たちが集まっていた。

「匠《たくみ》が寮《りょう》で倒《たお》れてた。今、澤近《さわちか》が救急車《きゅうきゅうしゃ》呼《よ》んでる」

全員が息をのんだ。

「とりあえず着替《きが》えて部室で待機して。澤近《さわちか》から連絡《れんらく》が来たら病院に行こう」

病院に行き、処置《しょち》を担当《たんとう》した先生から「ひとまず命に別状《べつじょう》はないだろう」と説明を受けた5人は、病院近くのファミレスに移動《いどう》した。早慶《そうけい》戦の打ち合わせで早稲田《わせだ》大に行っていた小川がこちらに向かっているところだった。

澤近《さわちか》から状況《じょうきょう》の説明を聞いた後、誰《だれ》も口を開かなかった。各方面と連絡《れんらく》を取っていた陽介《ようすけ》はスマホのメッセージアプリを開いた。小川が匠《たくみ》以外の同期のグループを作成して、メッセージを投稿《とうこう》していた。

『何をしたらいいのかわからんが、俺《おれ》らは落ち込《こ》まないでいよう。匠《たくみ》はまわりの人にどう思われてるかを一番気にするから』

しばらくして小川が店内に現《あらわ》れた。陽介《ようすけ》たちの顔を見た瞬間《しゅんかん》、小川は自分が送ったメッセージを忘《わす》れたかのように激《はげ》しく泣き出した。

「俺《おれ》のせいだ……俺《おれ》が匠《たくみ》を追い詰《つ》めたから……」

「泣くなよ。理由はまだわかんねえだろ」

しゃくりあげる小川を仲間たちが慰《なぐさ》めるのを見ながら、陽介《ようすけ》は拳《こぶし》を握《にぎ》っていた。

（小川じゃない。俺《おれ》だ）

高校3年の秋、入試前の面接《めんせつ》練習で初めて顔を合わせた匠《たくみ》は、人懐《ひとなつ》っこい笑顔《えがお》で、口下手《くちべた》で人見知りな陽介《ようすけ》と澤近《さわちか》を輪の中に引き入れてくれた。

全国を経験《けいけん》してきた自分のような選手にも、ごくふつうの環境《かんきょう》でバスケをしてきた小川のような選手にも寄《よ》り添《そ》い、共感し、すくい上げられる希少な存在《そんざい》だった。

チーム練習が終わると誰《だれ》よりも早く自主練を開始し、その成果でチームを何度も救《すく》ってくれた。

そんな仲間を、強い言葉で責《せ》めた。

（同じ寮《りょう》で生活していて、毎日一緒《いっしょ》に練習していたのに、なんで俺《おれ》はあいつの苦しさに気づけなかったんだ……）

「あいつ、前から変だったんだよ」

落ち着きを取り戻《もど》した小川が言った。

「こないだマックで勉強してた時、手が震《ふる》えてたじゃん。澤近《さわちか》も気づいただろ」

「そうやったな。めちゃくちゃ冷《ひ》や汗《あせ》かいてたし、体調悪いんかなって思ってた」

「そういえばこないだ飯に行った時、放心状態《じょうたい》になってた」

「俺《おれ》も練習中の表情《ひょうじょう》の暗さが気になってた」

それぞれが匠《たくみ》の異変《いへん》を口にしたが、結局何もアクションを起こせなかったという事実に突《つ》き当たり、再《ふたた》び押《お》し黙《だま》った。

「これからどうする？」

「あいつは帰って来る」

小川の問いかけに、陽介《ようすけ》はそう言った。不思議と確信《かくしん》があった。

「しばらくはチームを離《はな》れることになるんだろうけど、匠《たくみ》は絶対《ぜったい》に帰ってくる。だから俺《おれ》たちは匠《たくみ》が帰ってきやすい場所を作って待っていよう」

「だな」

「とりあえず、部の外のやつらには絶対《ぜったい》に何も言わないで」

「後輩《こうはい》には『過労《かろう》で倒《たお》れた』ってことにしようか」

「ＯＫ。先輩《せんぱい》はサワさんとか、匠《たくみ》が本当に仲が良かった人にだけ説明する感じで」

日付は３月11日から12日に変わっていた。

行き止まり

3月末、匠《たくみ》は梅田の街を歩いていた。

指定された百貨店に入ると、背《せ》の高い金髪《きんぱつ》頭がすぐに見つかった。

「どもっす」

「おう、久《ひさ》しぶり」


約2週間の入院生活を終え、匠《たくみ》は部を休部して大阪の実家に帰った。

大阪の会社に就職《しゅうしょく》することが決まっていたサワは、匠《たくみ》が入院して間もないタイミングで「できることがあったら何でも言ってくれ」とメッセージをくれた。返信できずにいたが、匠《たくみ》が大阪に帰っていることを知って再《ふたた》び連絡《れんらく》をくれた。

御堂筋《みどうすじ》線に乗り、東三国《ひがしみくに》にあるサワの新居《しんきょ》を訪《おとず》れた。

「腹減《はらへ》っただろ。俺《おれ》のとっておきを食わせてやるよ」

御堂筋《みどうすじ》線
大阪の地下鉄。大阪メトロの鉄道路線。

サワは部にいたころと変わらない調子で言い、シンプルなトマトソースのパスタを出してくれた。

「……うまいっす」

正直味はわからなかったが、温かいパスタは匠《たくみ》の胃《い》だけでなく心にまで沁《し》みた。

食事を終え、新調したばかりだというソファでとりとめない話をしたあと、サワは「これからどうすんの？」と尋《たず》ねた。

「みんなとまた、バスケがしたい」

退院《たいいん》する少し前に、母にそう言った。

あの息苦しい場所に戻《もど》りたいわけではなかった。そもそも随分《ずいぶん》前から、自分が好きでバスケをやっていたのかもよくわからなくなっていた。

でも、同期たちとまた一緒《いっしょ》に過《す》ごせるのなら、何でもいいと思った。

生まれも育ちも、バスケのキャリアも家庭環境《かんきょう》もそれぞれ全然違《ちが》う。それでも毎日毎日朝から晩《ばん》まで共に過《す》ごし、悩《なや》んだり怒《おこ》ったり笑ったりしながら、同じものを本気で目指してきた彼《かれ》らは、いつの間にか家族のような存在《そんざい》になっていた。

納得《なっとく》できないことや相容《あいい》れないこともあったが、それでも匠《たくみ》はみんなが好きだった。彼《かれ》らと自分を結んでいる唯一《ゆいいつ》のつながりであるバスケを自ら手放したら、もう二度と自分と彼《かれ》らの人生は交わらないような気がした。

匠《たくみ》は少し緊張《きんちょう》した口調でサワに言った。

「大学にも部にも戻《もど》りたいとは思ってるんです。でも、後輩《こうはい》たちにうわさが広まって『メンタル弱い雑魚《ざこ》』みたいに思われてるかもしれんし、同期たちには『気まずいから戻《もど》ってきてほしくない』って思われてるかもしれんし」

「なーに言ってんだよ」

サワは即座《そくざ》に否定《ひてい》した。

「こないだ鳥羽《とば》が『同期全員で待ってます』って言ってたぞ」

「いやいや、そんなわけないですって。あんなに迷惑《めいわく》かけたのに」

匠《たくみ》が吐《は》き出した不安を、サワはひたすら辛抱《しんぼう》強く受け止め、明るく返してくれた。

「俺《おれ》の同期は俺《おれ》のことをほとんど必要としてくれなかったけど、お前は違《ちが》うじゃん。みんなが待ってる。みんなが両手を広げてお前のことを抱《だ》きしめる。そういうやつなんだってお前は。引退《いんたい》まであとちょっとだろ。去年散々《さんざん》苦しんだんだから、最後の年くらいは同期と楽しくやってこいって」

「そうっすかね……」

「辛気臭《しんきくさ》い顔すんなって。俺《おれ》の分まで、最後まで楽しんでくれよ」


4月1日、匠《たくみ》は母とともに神奈川に帰った。

東京駅でバスケ部の監督《かんとく》とコーチに会い「今すぐには難《むずか》しいが部に戻《もど》りたいと思っている」と意志《いし》を伝え、そのまま寮《りょう》に戻《もど》るつもりだった。

しかし、寮《りょう》に向かおうとすると不安がふくれあがり、一歩も動けなくなった。

「うつ病だね」

2日後、精神科《せいしんか》の先生に初めてその病名を告《つ》げられた時も、匠《たくみ》は動揺《どうよう》しなかった。やったことがやったことだけに、まあそうやろな、とごく自然に受け止めた。

「これからしばらくここで治療《ちりょう》を進めていくことになるけど、お住まいは？」

「今は私《わたし》の妹家族の家にいるんですが、これからのことは決まってないんです」

母がそう説明した。

病名よりも治療《ちりょう》よりも、匠《たくみ》が何より不安だったのが今後の生活だった。従兄弟《いとこ》の家に長く居候《いそうろう》するのも気が引けた。寮《りょう》にも戻《もど》れないし、1人暮《ぐ》らしは論外《ろんがい》だ。

押《お》し黙《だま》っている匠《たくみ》の気持ちを察したのか、先生が助け舟《ぶね》を出してくれた。

「4年生だよね。単位はあとどれくらい残ってるの？」

「あと数単位とゼミと卒論《そつろん》だけです」

「それなら、ここに入院しながら大学に通えばいいよ。お母さんもそのほうが安心でしょう」

精神科《せいしんか》への入院を喜《よろこ》んで受け入れられはしないが、それが最善《さいぜん》の方法であることは間違《まちが》いなかった。

薬を飲み、先生と30分から45分程度《ていど》の面談を行う以外、特に何もすることはなかった。共用スペースに行き、ある大学のアメリカンフットボール部のことを報《ほう》じるワイドショーを延々《えんえん》と見続け、疲《つか》れたら病室に戻《もど》った。

とてつもなく大きくて、出口のない迷路《めいろ》の中にいるようだった。

単位
大学を卒業するのに必要な学習時間数。

ゼミ
専門《せんもん》分野について研究発表を行い、教授《きょうじゅ》や学生と議論《ぎろん》をして学習を進める演習《えんしゅう》。ゼミナール。

卒論《そつろん》
大学の最終学年で、自分で選んだテーマや問いについて論文《ろんぶん》を書くこと。卒業論文《ろんぶん》。

何を考えても、どんな選択肢《せんたくし》を選んでも、すべて最後は行き止まりに終わる。

みんなに歓迎《かんげい》されて部に戻《もど》る。

何もなかったように元通りになって、大学最後の早慶戦《そうけい》にも出られる。

ごくたまにそんな希望に満ちた一本道が見つかっても、駆《か》け出してしばらくするといきなり目の前でシャッターが降《お》り、真っ暗になってばかりだった。

部には戻《もど》れない。

大学にも戻《もど》れない。

就職先《しゅうしょくさき》も決まらない。

気持ちがざわついて正気を失いそうだった。

また チームに戻《もど》れたら

状態《じょうたい》が安定し、I社目の内定も出た5月の初旬《しょじゅん》、匠《たくみ》は病院を退院《たいいん》し、日吉《ひよし》の寮《りょう》に戻《もど》った。

慣《な》れ親しんだ自室から数部屋奥《おく》の部屋をノックすると、ルームメートになる澤近《さわちか》が優《やさ》しい笑顔《えがお》で現《あらわ》れた。

「おかえり」

「ただいま。これからよろしくね」

荷物を片《かた》づけていると、ノックの音と同時に扉《とびら》が開いた。

「あ、いた」

陽介《ようすけ》がうれしそうな顔で言った。

「おるで。またよろしく」

匠《たくみ》も笑った。

内定
企業《きぎょう》が、正式にその学生を採用《さいよう》する旨《むね》の通知を行うこと。

夕方になると、同期みんなでなじみの定食屋に集まった。

いつもの飯。いつものメンバー。いつもの会話。

（なんか、昨日会ったばかりみたいな感じや）

匠《たくみ》は当たり前だった日常《にちじょう》が帰ってきたことを噛《か》み締《し》めたが、帰るだけでなく、さらに先に進まなければいけないとわかっていた。

食事を終えると、匠《たくみ》はゆっくりと話し出した。

「迷惑《めいわく》かけて、ほんまにごめんな。就活《しゅうかつ》失敗できないっていうプレッシャーとか、サワさんや後輩《こうはい》たちを辞《や》めさせてしまったこととか、いろんな不安が混《ま》ざってああいうことになってしまったんやと思う。特に、後輩《こうはい》に関しては飯に連れて行ったりして『考え直してくれんか』って説得《せっとく》しようと思ったんやけど、うまくいかんくて。副キャプテンとして全然役に立ってないなってどーんと落ち込《こ》んでしもうて……」

（そうだったのか……）

陽介《ようすけ》は匠《たくみ》の苦悩《くのう》を初めて知った。

匠《たくみ》がいなくなったチームは火が消えたように活気が失われ、後輩《こうはい》たちからは「匠《たくみ》さんがいないと静かだな」という声も聞こえてきた。貴重《きちょう》なシューターを失ったチームは、シーズン初戦の関東大学選手権《せんしゅけん》もひどい内容《ないよう》で負けた。

うまくいかないことだらけの日々《ひび》を過《す》ごすうちに、陽介《ようすけ》は「後輩《こうはい》たちは俺《おれ》のことをどう思ってるんだろう」と考えるようになった。でも、彼《かれ》らとどうコミュニケーションを取ればいいのかがわからなかった。そして気づいた。

(匠《たくみ》が作ってたんだな)

ずっと、八方美人で、自分の意見がないやつだと思っていた。でも陽介《ようすけ》の知らないところで、陽介《ようすけ》ができないことを匠《たくみ》はやってくれていたのだ。

「……すまん。全然わかってなかった」

「陽介《ようすけ》が謝《あやま》るようなことじゃないって。気にせんとって」

匠《たくみ》はそう言うと、ひと息のんでから「ほんで」と言葉を続けた。

「散々《さんざん》みんなに迷惑《めいわく》かけたし、がっかりさせてしまったかもしれないけど、でも、できることならチームに戻《もど》らせてもらいたい。もちろん後輩《こうはい》を含《ふく》めみんなが許《ゆる》してくれたらやけど、また一緒《いっしょ》にバスケをやらせてほしい」

同期たちは「何を当たり前のことを言ってるんだ」という顔をした後、言った。

「当たり前だろ。最後までやり切ろうぜ」

「筋《きん》トレ、追い込《こ》んでやるよ」

「また部室でスマブラやろうな」

「……ありがとう……」


翌日《よくじつ》の練習前、スポーツ棟《とう》の会議室で特別ミーティングが開かれた。

匠《たくみ》は前方に立ち、長机《ながづくえ》に腰掛《こしか》けた後輩《こうはい》たちをざっと見つめた。

(みんな、俺《おれ》のことをどう思ってるんやろ)

緊張《きんちょう》と不安が近づいてくる。でもすぐに「なんでもええ」と振《ふ》り切る。

(受け止めるだけや。どう思われようが、どんな扱《あつか》いをされようが、全部受け止めてチームのためにやれることをやるしかない)

「自分の勝手でチームを長く離《はな》れて申し訳《わけ》なかった。そんな立場で言うのは厚《あつ》かましいかもしれないけど、またチームに戻《もど》らせてほしいです」

「おっしゃ――――！！！」

「待ってました！」

後輩《こうはい》たちは狭《せま》い会議室がビリビリ揺《ゆ》れるほどの歓声《かんせい》を上げ、拍手《はくしゅ》をした。

（なんでこんな仲間たちを信じられへんかったんやろ。こいつらと一緒《いっしょ》なら絶対《ぜったい》に大丈夫《だいじょうぶ》や）

喜《よろこ》びと安堵《あんど》が匠《たくみ》の心をあたたかく包み込《こ》んだ。

自分の居場所《いばしょ》

匠《たくみ》は週1回の通院を続けながら、復帰《ふっき》した。

ほとんどの時間を部屋の中で過《す》ごした2か月を取り戻《もど》すのは言わずもがな大変で、復帰《ふっき》直後はウォーミングアップの段階《だんかい》で息が切れた。しかし別メニューで少しずつ体と心を整えていき、7月の早慶《そうけい》戦にスタメンとしてコートに立つことができた。

一度失った日常《にちじょう》を再《ふたた》び取り戻《もど》した匠《たくみ》は、新しい旗を携《たずさ》えるようになった。

とにかく楽しみたい。

尊敬《そんけい》し合える仲間たちと大好きなバスケをしている喜《よろこ》びを、みんなで味わいたい。

秋のリーグ戦が近づいたころから、放っておくと生真面目《きまじめ》に進みすぎる同期や、試合経験《けいけん》が少なく緊張《きんちょう》している後輩《こうはい》に意図的に笑顔《えがお》を見せ、肩《かた》の力が抜《ぬ》けるような言葉をかけるようになった。

「まだ1ピリやで。ここから全然巻《ま》き返していけるっしょ」

1ピリ
第1ピリオド。試合の区切りで、最初の10分間。第1クォーターと同じ意味。

「一度冷静になって、今、何ができるのかを考えよう。それで追いつけたら万々歳《ばんばんざい》やし、追いつけなくても仕方ないやん」

「とにかく楽しもう。勝つために全力でがんばることを楽しもう。楽しくなかったらバスケやってる意味ないで！」

プレーが嚙《か》み合わない時も、点数が離《はな》れている時も、ケガ人が出た時も。部員たちは匠《たくみ》の声かけで我《われ》に返り、学年関係なく、部員1人ひとりの知恵《ちえ》と行動を持ち寄《よ》って戦える組織《そしき》になった。

3部降格候補《こうかくこうほ》の筆頭だった慶應《けいおう》は着々《ちゃくちゃく》と勝ち星を重ね、勝てば入れ替《か》え戦に進む可能性《かのうせい》が生まれる、最終戦の順天堂《じゅんてんどう》大戦を迎《むか》えた。

第1クォーターは17－17の同点。第2クォーターは5点リードを奪《うば》われた。しかし後半、このリーグ戦からプレータイムをつかんだ秀太《しゅうた》のガッツあふれるプレーで流れを引き寄《よ》せ、匠《たくみ》に代わってコートに立った陸も相手のキーマンをディフェンスでしっかりと抑《おさ》え込《こ》んだ。

匠《たくみ》はこの日、序盤《じょばん》から3ポイントの調子が悪く、後半早々《そうそう》に4つ目のファールも犯《おか》した。それでも、前向きに戦い続ける姿勢《しせい》を崩《くず》さなかった。

(秀太《しゅうた》と陸がつないでくれた。ガンガンやって勝つしかない)

なかなかリードを奪《うば》えないまま迎《むか》えた第4クォーター終盤《しゅうばん》、匠《たくみ》は2本目の3ポイントを成功させた。さらに、力強いドライブでゴール下に切り込《こ》んだ陽介《ようすけ》からパスを受けてもう1本。無心で打った3ポイントシュートは、リングの中心を正確《せいかく》にとらえ、ついに逆転《ぎゃくてん》に成功した。チームのボルテージは最高潮《さいこうちょう》に達した。

76－70。

(勝った……！)

体育館に試合終了《しゅうりょう》のブザーと雄叫《おたけ》びが響《ひび》く中、匠《たくみ》は仲間たちと抱《だ》き合った。そして対戦相手とのあいさつを終えると、1人ヒザに手をつき、天を仰《あお》いで涙《なみだ》をぬぐった。

(戻《もど》って来られて本当によかった——)

最高の仲間と味わう、最高の瞬間《しゅんかん》。

4つ目のファール
5つファールをすると、その選手は退場《たいじょう》となる。

それは匠《たくみ》が、ずっとずっと欲《ほ》しかったものだった。

翌日《よくじつ》、まだ試合の残っていたライバル校が勝利したことを受けて、匠《たくみ》たちのラストシーズンはあっけなく幕《まく》を閉《と》じた。

(とんでもない4年間やったけど、慶應《けいおう》に来てよかった)

目に見える結果は挙げられなかったが、匠《たくみ》は真っすぐにそう思った。

挫折《ざせつ》。成長。転落。復活《ふっかつ》。

たくさんの出来事《できごと》があった。

たくさんの人たちとの出会いがあった。

励《はげ》ましてくれた先輩《せんぱい》たち。ついてきてくれた後輩《こうはい》たち。

毎日、飽《あ》きるほどに顔を突《つ》き合わせた同期たち。

「一緒《いっしょ》にがんばりたい」「負けたくない」と常《つね》に背中《せなか》を押《お》された同期たち。

心がパンクした自分の居場所《いばしょ》を残し、人生をつないでくれた同期たち。

「ありがとう」なんて言葉ではとても言い尽《つ》くせない。

でも言えることはそれしかない。
慶《けい》應《おう》義《ぎ》塾《じゅく》大学バスケットボール部で過《す》ごしたすべての日々《ひび》が、匠《たくみ》の誇《ほこ》りだ。

エピローグ　新しい一歩を踏《ふ》み出す

大学を卒業し、社会人になった僕《ぼく》は、会社を2年足らずで休職《きゅうしょく》した。

理由は、うつ病の再発《さいはつ》だ。

大学4年の時、僕《ぼく》は自己判断《じこはんだん》で通院をやめた。「精神科《せいしんか》に通う」という行動自体が大きなストレスになっていたし、気分が落ち込《こ》むこともまったくなくなっていたから大丈夫《だいじょうぶ》だと思っていた。しかし、社会人になり環境《かんきょう》が変化したことで「絶対《ぜったい》に戻《もど》りたくない」と思っていた状態《じょうたい》に舞《ま》い戻《もど》ってしまった。

大阪の実家に帰った僕《ぼく》に、立ち上がるきっかけをくれたのは意外な人物だった。

『元気か?』

スマホに届《とど》いたメッセージの送り主は、中学時代のチームメートだったケイだ。

ケイや良樹《よしき》、ヒジたちとは中学卒業後も年に数回は必ず会って近況《きんきょう》を報告《ほうこく》し合っていたが、大学時代に起きたことや今の状況《じょうきょう》については何も話していない。

メッセージを返すか、返さないか。2時間ほど悩《なや》んだ末、指を動かした。

『いろいろあって、今休職中《きゅうしょくちゅう》やねん』

『今、電話できる?』と返信が届《とど》いた。音声通話のボタンをタップすると、ケイはすぐに電話に出た。

僕《ぼく》は自分の今の状況《じょうきょう》や大学時代に起きたことを話した。ケイは何も知らなかったようで「マジか」という言葉を繰《く》り返したあと、言った。

「俺《おれ》も去年のこんくらいの時期にメンタルやられて、会社休んでたんやで」

「え、ホンマ？」

耳を疑《うたが》った。マイペースな性格《せいかく》で、会うたびに明るい将来《しょうらい》を口にしていたケイは、自分とは正反対の人間だと思っていたからだ。

その後、僕《ぼく》らは時間を忘《わす》れて話し続けた。僕《ぼく》の話にケイは何度も「わかるわ」と共感してくれ、ケイが言うことに僕《ぼく》は「俺《おれ》もそうやった」と興奮《こうふん》した。

お互《たが》いの経験《けいけん》をとりとめもなく話し合い、受け入れ合うその時間は、どんな薬よりも、どんな専門家《せんもんか》のカウンセリングよりも心を落ち着かせてくれた。

ケイとの電話をきっかけに、僕《ぼく》は初めて自分自身と向き合った。

僕《ぼく》は、自分以外の誰《だれ》かが作り上げた理想像《りそうぞう》に、自分を必死にあてはめようとしながら生きてきた。

理想の生徒。理想の選手。理想の息子《むすこ》。

その型《かた》によって自分が歪《ゆが》められていることに気づかず、自分が元々《もともと》どんな形をしていたのかがわからなくなっていたのだ。

ぐるぐる回りっぱなしだった心のコンパスの針《はり》がようやく一つの方角を指し示《しめ》して、ピタリと止まった。

誰《だれ》のことも気にせず、自分が思うように生きてみたい——。

僕《ぼく》は小さいころから気持ちを言葉にしたり、感情《かんじょう》をストレートに表すことが得意《とくい》ではない。見た目も地味で、キャラ的にも芋臭《いもくさ》い。学生時代からはっきりと自分を確立《かくりつ》し、人気ユーチューバーになったサワさんや友稀《ともき》、プロバスケ選手として活躍《かつやく》している雄次《ゆうじ》とは対極の存在《そんざい》だった。

でも、バスケをしている時だけは違《ちが》った。バスケをしている時だけは僕《ぼく》は自分を表現《ひょうげん》することができたし、感情《かんじょう》の高ぶりを涙《なみだ》として吐《は》き出すことができた。背《せ》が低くて身体能力《のうりょく》もなかったけど、それでも自分自身のプレーでいろんな人を驚《おどろ》かせたり、悔《くや》しがらせたり、笑顔《えがお》にさせたりしてきた。

２０２０年の秋、僕《ぼく》は会社を辞《や》めた。病気のことや自ら命を絶《た》とうとしたことを家族や大学の仲間以外にはじめて打ち明け、自転車で日本一周の旅に出ると伝えた。家族、恩師《おんし》の大森先生、バスケ部の同期たち。ほとんどの人が「僕《ぼく》らしくない」決断《けつだん》にびっくりしていた。

〝出会った人たちに、心の健康の大切さを伝えたい〟

旅の表向きのテーマはそのようなものだったが、一番芯《しん》にあったのはごくごく個《こ》人的《じんてき》で、身勝手で、こどもっぽい願いだったのかもしれない。

〝自分の力で誰《だれ》かの心を動かしたい〟

ずっと誰《だれ》かのフィルターで自分を見てきた僕《ぼく》にとっては、大切な願いだった。

２０２１年３月６日。僕《ぼく》は旅に出た。

マウンテンバイクはヒジが見立ててくれた。陽介《ようすけ》ら大学の同期はリモートで旅のサポートをしてくれた。いろんな人に会い、話をし、時にバスケをした。

うまくいかないこともあった。

心や精神《せいしん》の健康を取り扱《あつか》う施設《しせつ》を訪問《ほうもん》すると、やんわり追い返されたり、精神的《せいしんてき》なケアが必要な人物として扱《あつか》われた。自転車が壊《こわ》れたりすっ転んでケガもした。宿が見つからず、公衆《こうしゅう》トイレで寝《ね》たこともある。

不安に感じることは日常茶飯事《にちじょうさはんじ》だったけど、心の真ん中はへこたれなかった。

自分で選んだから。自分がやると決めたから。

峠《とうげ》を越《こ》えたり、新しい都道府県に入った時に、気づいたことがある。

(ようがんばったなあ)

僕《ぼく》は生まれて初めて、自分で自分を労《ねぎら》えるようになった。

旅が進むにつれて、僕《ぼく》の活動は少しずつ世間に知られるようになった。施設《しせつ》や学校で話をする機会が増《ふ》え、「相談に乗ってほしい」と連絡《れんらく》が来るようになった。

四国では学校に行けなくなった中学生に会った。

突然《とつぜん》現《あらわ》れた謎《なぞ》の自転車男を彼《かれ》は明らかに警戒《けいかい》していたが、僕《ぼく》が自分の経験《けいけん》を話すと表情《ひょうじょう》が変わった。

「高校の途中《とちゅう》くらいからは親から期待されることが苦しかってん。親のためにも結果を出さなアカン。親をがっかりさせたらアカンって、なんか追いかけられてるみたいな感じやったな」

「僕《ぼく》もそういうところがつらいんです。親のことが嫌《きら》いなわけじゃないし、応援《おうえん》してくれてるってわかってるからこそ何も言えなくて」

「わかるで。期待されてうれしいっていう気持ちもあるけど、そこに応《こた》えられるかどうかってすごい不安になるし、だから苦しいんよな」

彼《かれ》はその後も色んなことを打ち明けてくれた。僕《ぼく》も背伸《せの》びせず、カッコつけずに自分の経験《けいけん》を話し、バスケをして別れた。

数日後、彼《かれ》からメッセージが届《とど》いた。

『お元気ですか。最近学校に行き始められるようになりました』

僕《ぼく》は見つけたような気がした。

自分が旅に出た意味を。

一度は絶《た》とうとした命が、まだつながっている理由を。

これは僕《ぼく》――原匠《はらたくみ》という人間の26歳《さい》までの物語だ。

そして、この物語を読んでくれたきみは、今、どんな物語を生きているだろう？

「俺《おれ》はなんてつまらない人間なんだ」

「私《わたし》には何の価値《かち》もない」

キラキラ輝《かがや》いて見える人を見てため息をついている人は、きみにはきみにしか紡《つむ》げない物語があり、動かせる心があるということを覚えていてほしい。

正解《せいかい》はわからない。何を幸せと感じ、どう生きるかは人それぞれだと思う。

ただ、苦しい時も希望を失わず、自分の心に嘘《うそ》をつかず、少しずつでもいいから足を踏《ふ》み出してほしい。

そしていつか、どこかで僕《ぼく》に出会ったらきみの物語を聞かせてください。

その物語に見合う存在《そんざい》でいられるよう、僕《ぼく》も自分の人生を生きていくから。

STAFF

文：青木美帆 | Miho Aoki

山口県出身。
バスケットボールを中心に取材活動中のライター。
『Bリーグ超解説 リアルバスケ観戦がもっと楽しくなるTIPS50』（KADOKAWA）などを執筆。

絵：くじょう | Kujo

広島県出身。イラストレーター。

協力：原匠 | Takumi Hara

大阪府出身。本書籍の主人公。
10代にメンタルヘルスの重要性を伝える
活動を行っている。

心が元気になる、5つの部活ストーリー

青春サプリ。——新しい一歩を踏み出す

2025年3月　第1刷

文：青木美帆　絵：くじょう

発行者：加藤裕樹
編集：柾屋洋子
発行所：株式会社ポプラ社
〒141-8210　東京都品川区西五反田3-5-8
JR目黒MARCビル12階
ホームページ：www.poplar.co.jp（ポプラ社）
印刷・製本：中央精版印刷株式会社
装丁・本文デザイン：相原篤史

ISBN978-4-591-18499-8
N.D.C.916／175P／19cm／Printed in Japan

P7218014